NON-EXHIBITED WORKS OF THE MASTERS

- FRENCH SCHOOL OF PAINTING -

Volume 1

NON-EXPOSÉ TRAVAUX DES MAÎTRES

- L'ÉCOLE FRANÇAISE DE PEINTURE -

Infarom Publishing
www.infarom.com
office@infarom.com

ISBN 978-973-88662-2-5

Publisher: **INFAROM**
Coordinator: **Doru Bărboianu**
Text: **Paul Avram**
Graphics: **Marius Brânzan**
Correction Editors: **CarolAnn Johnson, Monica Cîciu**

INTRODUCTION

The created work of an established artist can never be separated from its creator, because the creator's personality is deeply embedded in the outcome of his or her artistic endeavor. The product is in complete harmony with both itself and the feelings and aspirations of the artist; this is true for any form of art. This harmony is the essential element that grants the artistic product a superior status as a form of complex expression of the human spirit. Furthermore, this is the reason that a work of art is perceived by the artistically discerning contemplator as being as much "alive" through its human component as it is static in its presentation form. This element of intrinsic vitality is perhaps the reason that the works of established artists have held reserved exhibition spaces in museums and galleries, spaces that exceed in volume the practical physical necessities of the exhibit. No other kind of objects that humans create hold such privilege. Not insignificantly, the estimated value of the objects of art – either strictly material, market, or even sentimental value – exceeds significantly the average estimations for other types of hand-made productions, specifically due to the striking human component they contain.

The visual arts in particular, especially painting and graphics, offer a part of the visual perceptions of their authors even in their primary form, whether we talk about the images that were visualized by the painter strictly speaking or the images seen with the "mind's eyes."

Certainly, visitors do not come into a museum only for the exhibited works, but also for their creators. In front of a painting, the visitor who has the ability to transpose himself or herself into the artistic act will have the privilege to see – partially, but beyond doubt – through the eyes of the artist who painted the work. The museal works certainly are the most complete from artistic and technical realization points of view, being representative for their creators. The presence of a work of art in a museum or national gallery is an absolute form of artistic recognition coming from an official artistic community, which establishes its creator for all time. Of course, the criteria for museal exposure are multiple: the age, the creator's name, the finishing level of the work, its state, the quantity of execution work enclosed, etc. In large part, these criteria refer to the object itself and not to its creator, speaking of course only about established artists. We will see exhibited in such places clean and finished paintings, appearing as if they have been prepared by the artists themselves to be offered for contemplation to posterity.

However, during his or her creation period, the artist still produces works other than those that found their place in time in a museum or official gallery. This category holds the studies and sketches, as well as finished works, which for various reasons or circumstances have not come to the attention of official art collectors.

Although neither the completion nor the complexity of the work is an obligatory criterion for holding an established artist's painting in a museum, there are differences between the two types of works – exhibited and non-exhibited – from the point of view of physical image and external aspect, most often giving preference to the first category. By contrast, from the point of view of the size of the human component that we mention previously, the two categories can certainly be placed at the same level.

A simple, unfinished pencil study can tell as many things about its creator as a finished full-color painting, and from some technical points of view, it can provide even more information. In addition, the artistic message is present throughout, in any kind of work, either finished or not. "A painting is finished when any form of the means used for accomplishing the goal has disappeared," said Whistler about finishing the execution of a painting; however, he adds that "The work of the real masters does not smell of sweat – it does not suggest effort – but seems to be finished even in the moment when it was started."

Accordingly we can say that the non-exhibited works of a master have the same value as those museal, even if the latter may delight the eye of the uninitiated visitor more than the former. Thus, for both contemplators and specialists in a certain style, school of painting, or artist, these works, which are not exhibited in museums or national galleries, represent study resources and data sources that must not be ignored. A study or a sketch can reveal essential elements regarding the artist's technique, the initial approach to the subject, and the execution itself. A work executed quickly, as a gift or dedication for someone, can provide information about an artist's understanding of human relationships. The several non-exhibited works, whether finished with scrupulosity or in haste, ordered or freely executed, made in the study period or after the artist achieved recognition, can successfully complete an artist's profile and can delight the eye as much as the officially exhibited works.

For certain artists, such works may be spread across large areas, many of them still being in circulation. We can find them at auction houses, art stores, private galleries, art marketplaces, and through independent sellers, until they arrive in some major private collection, from which they might migrate again at some point. Of course, the traces of time affect this type of works, due to circulation as well as storage conditions, which are mostly unprofessional.

In art publishing, all books and albums of this specialty reproduce officially exhibited works, for the most part museal. And often, the studies regarding a specific artist develop on the basis of these exhibited works. For this reason, but also for offering the art lover images of works that have not yet appeared in print, we considered as essential the publication of a series of painting albums to present images of some works belonging to established painters, yet not exhibited in museums and official galleries. The present album, the first in the series, is dedicated to several masters of the French painting school – the most prolific school – all born in the 18th and 19th centuries. Here are presented various styles, mediums, and techniques, as well as various types of works.

We thank all contributors who participated in the realization of this album by providing us with images and data about the works from their own inventory.

INTRODUCTION

L'œuvre d'un artiste consacré ne pourra jamais être séparée de son créateur, parce que sa personnalité se retrouve pleinement dans le produit de son travail artistique. L'œuvre se retrouve en pleine harmonie aussi bien avec elle-même, qu'avec les sentiments et avec les aspirations de l'artiste, cela étant valable pour toute forme d'art. Cette harmonie est l'élément essentiel qui confère au produit artistique le statut supérieur de forme de manifestation complexe de l'esprit humain. Celle-ci est, en même temps, la raison pour laquelle une œuvre d'art est perçue par le contemplateur, pourvu de sens artistique, en tant qu'objet, autant statique dans sa forme de présentation, autant « vivant » par son chargement humain. Cet élément de vitalité intrinsèque est, peut-être, également, la raison pour laquelle aux œuvres des artistes consacrés ont été réservé des espaces d'exposition dans des musées, dans des expositions et dans des galeries, qui dépassent, du point de vue de la dimension, les nécessités physiques pratiques, aucun autre type d'objets créés par la main de l'homme n'ayant ce privilège relatif à l'espace. Pas dernièrement, la valeur estimée des objets d'art, soit qu'il s'agit de la valeur matérielle, de celle de marché ou même de celle sentimentale, dépasse de loin la moyenne des estimations pour d'autres types de créations manufacturées, justement à cause du composant humain significatif qu'elle englobe.

Particulièrement, les arts visuels, surtout la peinture et la graphique, offrent une partie des perceptions visuelles de leurs auteurs même dans leur forme primaire, soit qu'il s'agit des images visualisées d'une manière physique par le peintre, soit qu'il s'agit de celles vues par les « yeux de l'esprit ».

A coup sûr, les visiteurs ne viennent pas dans un musée d'art non seulement pour les travaux exposés, mais, également, pour leurs auteurs. Devant une peinture exposée, le visitateur qui a l'habilité de se transposer dans l'acte artistique aura le privilège de voir – partiellement, mais indubitablement – à travers les yeux de l'artiste qui a exécuté le travail. Les travaux des musées sont, certainement, les plus complexes du point de vue de la réalisation artistique et technique, ceux-ci étant représentatifs pour leurs créateurs. La présence d'une œuvre d'art dans un musée ou bien dans une galerie nationale est une forme de reconnaissance artistique absolue de la part d'une communauté artistique officielle, qui consacre définitivement son créateur. Bien sûr, les critères d'exposition dans un musée sont multiples: l'ancienneté, le nom de l'auteur, le degré de finition du travail, son état, la quantité du travail d'exécution englobée, etc. En grande partie, ces critères font référence à l'objet en soi-même et non pas à son auteur, en parlant, bien sûr, des auteurs consacrés. Nous verrons exposés dans de tels endroits des tableaux propres, bien finis, préparés par les artistes, semble-t-il, spécialement pour être offerts à la postérité, en vue de la contemplation.

Mais, le long de sa période de création, l'artiste produit d'autres travaux sauf ceux qui ont retrouvé leur place, le long du temps, dans un musée ou bien dans une galerie officielle. De cette catégorie font partie les études, les esquisses, tout comme les travaux bien finis qui, à cause de certaines raisons ou bien à cause de certaines circonstances ne sont pas arrivés à l'attention des collectionneurs officiels d'art.

Bien que ni la finition complète, ni la complexité du travail ne représentent pas des critères obligatoires pour garder une peinture d'un artiste consacré dans un musée, il y a des différences entre les deux catégories de travaux – exposés et non exposés - du point de vue de l'image physique, de l'aspect extérieur, le plus souvent en faveur de la première catégorie. En échange, du point de vue de la dimension du composant humain dont nous parlions ci-dessous, les deux catégories peuvent être situées, à coup sûr, au même niveau.

Une simple étude au crayon, non finie, peut nous transmettre autant des informations concernant son auteur, qu'un tableau terminé et rempli de couleur, et, de certains points de vue techniques, elle peut nous offrir même plus d'informations. De plus, le message artistique est présent dans tout type de travail, terminé ou non. « Un tableau est bien fini lorsque toute forme des moyens utilisés pour atteindre le but est disparue », disait Whistler à propos de l'accomplissement de l'exécution d'une peinture, mais, tout en ajoutant que « L'œuvre des maîtres véritables ne sent pas la sueur – ne suggère pas l'effort – mais semble avoir été terminée au moment même où elle a été commencée ».

En tentant compte de tout cela, nous pouvons dire que les travaux non exposés d'un maître ont la même valeur que ceux des musées, même si les derniers enchantent, peut-être, plus l'œil du visiteur non initié. De la sorte, autant pour les contemplateurs, que pour les spécialistes d'un certain style, d'une certaine école de peinture ou d'un certain artiste, ces travaux non exposés dans des musées ou dans des galeries nationales représentent des ressources d'étude et des sources d'informations qui ne doivent pas être négligées. Une étude ou bien une esquisse peut mettre en lumière des éléments essentiels concernant la technique de l'artiste, l'approche initiale du sujet et de l'exécution en soi. Un travail exécuté à la hâte pour être offerte à quelqu'un avec dédicace peut nous fournir des informations concernant la personnalité de l'artiste, en relation avec ses semblables. Les nombreux travaux non exposés, terminés minutieusement ou bien en hâte, commandés ou bien exécutés librement, réalisés pendant la période d'étude ou pendant celle de consécration, peuvent compléter avec succès le profil de l'artiste et peuvent enchanter l'œil de la même manière que ceux exposés officiellement.

Pour un certain artiste, de pareils travaux peuvent être répandus sur des aires étendues, plusieurs d'entre eux étant encore en circulation. Nous les retrouvons dans des maisons aux enchères, dans des magasins d'art, dans des galeries privées avec vente, dans des foires d'art et aux marchands indépendants, jusqu'à ce qu'ils arrivent à établir leur place dans quelque collection privée importante, d'où ils peuvent migrer, à un moment donné, de nouveau. Bien sûr, les traces du passage du temps affectent ce type de travaux, à cause de la circulation, de même qu'à cause des conditions de préservation, assez souvent non professionnelles.

Dans le domaine de la publicité de l'art, tous les livres de spécialité et les albums de présentation reproduisent des travaux des musées. Toujours sur la base de ces travaux les études d'art, concernant un certain artiste, sont développées. A cause de cette raison, mais également pour offrir, à l'amoureux d'art visuel, des images des travaux qui n'ont pas encore vu la lumière du jour, nous avons considéré nécessaire la publication d'une série d'albums qui surprennent des images de certains travaux non exposés dans des musées et dans des galeries officielles, des peintres consacrés. Le présent ouvrage, le premier de cette série, est dédié à quelques maîtres de l'école de peinture française – la plus prolifique - nés entre le 18-ième et le 19-ième siècle. Il y a divers styles, milieux et techniques, tout comme différents types de travaux.

Nous remercions à tous les collaborateurs qui ont participé à la réalisation de cet album et qui nous ont fourni des images et des informations des travaux qui se retrouvent dans leur propre inventaire.

INDEX OF THE ARTISTS - L'INDEX DES ARTISTES

Gérard, Marguerite (1761-1837); romantic painter, born in Grasse, sister-in-law and student of Jean-Honoré Fragonard (page 13).

Gérard, Marguerite (1761-1837); peintre romantique, né à Grasse, la demi-soeur et l'étudiante de Jean-Honoré Fragonard (page 13).

Delpech, François (1778-1825); lithographer born in Paris, died in the same city. His most noted engraving is a series of portraits and of costumes of contemporaneous painters (page 14).

Delpech, François (1778-1825); lithographe né à Paris, mort dans la même ville, il grava surtout des séries de portraits et de costumes d'après les peintres contemporains (page 14).

Ransonnette, Charles Nicolas (1793-1877); born in Paris, he studied under Jean-Victor Bertin and worked for Duchesse de Berry and exhibited at the Paris Salon from 1822 to 1867 (page 15).

Ransonnette, Charles Nicolas (1793-1877); né à Paris, il a étudié avec Jean-Victor Bertin et a travaillé pour la Duchesse de la Baie et exposé au Salon de Paris de 1822 à 1867 (page 15).

Delacroix, Ferdinand Victor Eugène (1798-1863); born in Charenton-Saint-Maurice and died in Paris, he was an important painter of the romantic movement; his career was studded with honors: he was awarded (1831) the medal of the *Légion d'Honneur* and was commissioned to decorate the *Bibliothèque du Sénat* in the Luxembourg Palace and *Bibliothèque de la Chambre des Députés* in the Bourbon Palace (both completed in 1847); he was elected to the *Institut de France* in 1857; he participated in 1862 at the creation of the la *Société Nationale des Beaux-Arts* (page 17).

Delacroix, Ferdinand Victor Eugène (1798-1863); né à Charenton-Saint-Maurice, décédé à Paris, est un peintre majeur du mouvement romantique; sa carrière a été cloutée avec les honneurs; la médaille de la *Légion d'Honneur* lui a été attribuée (1831) et il a été mandaté de décorer la Bibliothèque du Sénat dans le Palais de Luxembourg et la Bibliothèque de la Chambre des Députés dans le Palais de Bourbon (les deux ont été terminées en 1847); il a été élu à *l'Institut de France* en 1857; il participa à la création, en 1862, de la *Société Nationale des Beaux-Arts* (page 17).

Demoussy, Auguste Luc (1809-1880); painter born in Paris, died in the same city; he entered the *l'Ecole des Beaux-Arts* in 1829, had as professors the famous painters of very classical formation Hersent and Abel de Pujol; he made his debut at the Salon in 1833 (page 18).

Demoussy, Auguste Luc (1809-1880); peintre né à Paris et mort dans cette même ville; il entra à *l'Ecole des Beaux-Arts* en 1829, il eut comme professeurs les célèbres peintres de formation très classique Hersent et Abel de Pujol; il débuta au Salon en 1833 (page 18).

Perrin, Émile César Victor (1814-1885); painter, critique of art and stage decorator, born in Rouen; he was director of *l'Opéra Comique* between 1848 and 1857; he was elected to the *l'Académie des Beaux-Arts* as free member (page 20).

Ziem, Felix (1821-1911); he grew up in Bourgogne, where he studied architecture in Dijon; later, he changed vocation and opened a drawing school in Vieux-Port; between 1842 and 1847 he traversed all Italy and the Middle of France; in 1849, he established himself in Paris; he painted scenes of daily life, portraits, and country landscapes (page 21).

De Rochebrune, Octave (1824-1900); an artist specializing in drawing and engraving, with a predilection for monuments and architectural lines; in 1860 he started an interrupted series of aquaforte engravings representing great monuments of French patrimony (page 22).

Boudin, Eugène-Louis (1824-1898); born in Honfleur and died in Deauville, he was one of the first French painters to paint outdoors; a great marine painter, he is considered one of the predecessors of impressionism (page 25).

Fichel, Benjamin Eugène (1826-1895); born in Paris, he entered the *l'Ecole de Beaux-Arts* at the age of fifteen, where he became a student of Drolling and Delaroche; he did not exhibit his first painting until the 1849 Parisian Salon; he painted portraits and historical and genre scenes (page 28).

Pauzat, Marius (1832-1909); landscape and water-color painter born in Marseille; student of Guitton; he exhibited at Salon beginning 1881 (page 31).

Perrin, Émile César Victor (1814-1885); peintre, critique d'art et décorateur de théâtre, né à Rouen; il a été directeur de *l'Opéra Comique* de 1848 à 1857; il fut élu à *l'Académie des Beaux-Arts* comme membre libre (page 20).

Ziem, Felix (1821-1911); il a grandi en Bourgogne où il a étudié l'architecture à Dijon; plus tard, il change de vocation et ouvre une école de dessin sur le Vieux-Port; de 1842 à 1847 il parcourt toute l'Italie et le Midi de la France; en 1849, il s'installe à Paris; il peint des scènes de vie quotidienne, des portraits, et des paysages champêtres (page 21).

De Rochebrune, Octave (1824-1900); artiste spécialisé dans le dessin et la gravure, avec une prédilection pour les monuments et les lignes architecturales; en 1860 il commence une série ininterrompue d'eaux fortes dans la représentation des grands monuments du patrimoine Français (page 22).

Boudin, Eugène-Louis (1824-1898); né à Honfleur et mort à Deauville, il fut l'un des premiers peintres français à saisir les paysages à l'extérieur d'un atelier ; grand peintre de marines, il est considéré comme l'un des précurseurs de l'impressionnisme (page 25).

Fichel, Benjamin Eugène (1826-1895); né à Paris, il est entré à *l'Ecole de Beaux-Arts* à l'âge de quinze ans, où il est devenu étudiant de Drolling et de Delaroche; il n'a pas exposé sa première peinture jusqu'au Salon parisien de 1849; il a peint des portraits et des scènes historiques et de genre (page 28).

Pauzat, Marius (1832-1909); peintre de paysages et aquarelliste né à Marseille; élève de Guitton; il a exposé au Salon à partir de 1881 (page 31).

Guignard, Gaston (1848-1922); watercolorist, pastelist and animal painter, born in Bordeaux and died in Paris; he exhibited at the *Salon des Artistes Français* from 1874 to 1882; he was named *Chevalier de la Légion d'Honneur* in 1891 (page 32).

Anglade, Gaston (1854-1919); landscape painter born in Bordeaux and died in Paris; he worked in Paris and was a member of and exhibited with the *Société d'Artistes Français*, and was awarded many prizes (page 33).

Galien-Laloue, Eugène (1854-1941); born to French-Italian parents in Paris, he work as a military illustrator, capturing both the *Franco-Prussian War* and *World War I* in watercolor; he took on several pseudonyms during his lifetime including *J. Lievin* and *A. Michel* (page 35).

Langlois, Paul (1858-1906); student of Cabanel, Bonnat and Humbert, he was a constant presence at *Salon des Artistes Français* (page 37).

Matisse, Henri (1869-1954); born the son of a grain merchant in Nord-Pas-de-Calais, he studied law and worked as a law clerk; in 1892, he gave up his career as a lawyer; he attended art classes at the *l'Ecole de Beaux-Arts* in Paris and dabbled in different styles; he then was influenced by the impressionist and post-impressionist painters Pisarro, Cezanne, van Gogh, Gauguin, Paul Signac, and W. Turner; around the year 1905, he finally found his own style characterized by daring, bright colors executed in a broad brush stroke; after *World War I*, he had gained a high reputation and was an internationally recognized artist; in 1917, he left Paris and settled in Nice, where he remained until the end of his life; in 1925 he received the *Légion d'Honneur* award (page 38).

Guignard, Gaston (1848-1922); peintre animalier, aquarelliste, pastelliste, né à Bordeaux et mort à Paris; il figura au *Salon des Artistes Français* à Paris depuis 1874 jusqu'en 1882; il fut nommé *Chevalier de la Légion d'Honneur* en 1891 (page 32).

Anglade, Gaston (1854-1919); peintre de paysage né à Bordeaux et mort à Paris; il a travaillé à Paris et a été membre de et a exposé avec la *Société d'Artistes Français*, et on lui a attribué beaucoup de prix (page 33).

Galien-Laloue, Eugène (1854-1941); né des parents français-italiens à Paris; il travaille comme un illustrateur militaire, capturant le *Franco - Prussien* et la *Première Guerre Mondiale* à l'aquarelle; il a pris plusieurs pseudonymes y compris *J. Lievin* et *A. Michel* (page 35).

Langlois, Paul (1858-1906); élève de Cabanel, Bonnat et Humbert, il a été une présence constante au *Salon des Artistes Français* (page 37).

Matisse, Henri (1869-1954); le fils d'un marchand de grain, né dans Nord-Pas-de-Calais, il a étudié la loi et a travaillé comme un commis de loi; en 1892, il a renoncé à sa carrière d'avocat; il a pris les classes d'art à *l'Ecole de Beaux-Arts* à Paris et trempé dans des styles différents; il a été alors influencé par l'impressionniste et par les peintres postimpressionnistes Pisarro, Cezanne, van Gogh, Gauguin, Paul Signac et W. Turner; autour de l'an 1905 il a trouvé enfin son propre style caractérisé par l'hardiesse, les couleurs brillantes exécutées dans un coup de brosse large; après la *Première Guerre Mondiale*, il avait gagné une haute réputation et était un artiste internationalement reconnu; en 1917 il est parti à Paris et s'est établi à Nice, où il est resté jusqu'à la fin de sa vie; en 1925 il a reçu la récompense de la *Légion d'Honneur* (page 38).

Fougerat, Emmanuel (1869-1958); a painter born in Rennes, student of Maignan and Laurens, he was the dean of the *l'Ecole des Beaux-Arts* and conservative founder of Museum of Nantes; knight of the *Légion d'Honneur* in 1912 (page 49).

Fougerat, Emmanuel (1869-1958); peintre né à Rennes, élève de Maignan et de Laurens, il fut directeur de *l'Ecole des Beaux-Arts* et fondateur conservateur du Musée de Nantes; chevalier de la *Légion d'Honneur* en 1912 (page 49).

Dufy, Raoul (1877–1953); fauvist painter born at Le Havre, he left school at the age of fourteen to work in a coffee importing company; in 1895, he started evening classes in art at *l'Ecole de Beaux-Arts* in Le Havre; in 1900, he won a scholarship enabling him to attend the *l'Ecole de Beaux-Arts* in Paris, where he was a fellow student with Georges Braque; Dufy's works depict yachting scenes, sparkling views of the French Riviera, chic parties and musical events; he also acquired a reputation as an illustrator and an applied artist (page 50).

Dufy, Raoul (1877–1953); peintre fauviste né à Le Havre, il a quitté l'école à l'âge de 14 ans pour travailler dans une compagnie importatrice de café; en 1895 il a commencé des cours du soir dans l'art, à *l'Ecole de Beaux-Arts* de Le Havre; en 1900 il a gagné une bourse le rendant capable d'assister à *l'Ecole de Beaux-Arts* à Paris, où il était collègue avec Georges Braque; les travaux de Dufy peignent les scènes de yachting, les vues de la Côte D'azur, les chic fêtes et les événements musicaux; il a acquis aussi une réputation d'illustrateur et d'artiste appliqué (page 50).

Perronet, Maurice (1877-1950); at the beginning of the 20th century, he divided his time between his activities as administrator of the *Sarah Bernhardt Theater* and his passion for painting; his work was exhibited at the *Salon des Artistes Français* between 1910 and 1913; he made several portraits of his godmother in different roles and many sketches of personages that he met professionally; during *World War I*, on the battlefield, he made several watercolors; in 1922, 1924, and 1937 his paintings were exhibited at the *Reitlinger Gallery* (page 53).

Perronet, Maurice (1877-1950); au début du 20ème siècle il partagea son temps entre ses activités d'administrateur du *Théâtre Sarah Bernhardt* et sa passion pour la peinture; il exposa au *Salon des Artistes Français* depuis 1910 jusqu'en 1913; il réalisa plusieurs portraits de sa marraine dans différents rôles et de nombreux croquis de personnages qu'il rencontrait professionnellement; pendant la *Première Guerre Mondiale*, sur le front, il réalisa de nombreuses aquarelles; en 1922, 1924 et 1937 il exposa à la *Galerie Reitlinger* (page 53).

Louche, Constant (1880-1965); orientalist painter born in Alger, where he began his studies, then in Paris at *l'Ecole de Beaux-Arts*, after he won a scholarship; he exhibited at Alger in the beginning of 1907; he is one of the best representatives of landscape paintings from Algeria; he traveled throughout Algeria and also in Morocco and Tunisia (page 56).

Louche, Constant (1880-1965); peintre orientaliste né à Alger, c'est dans cette ville qu'il commence ses études, puis à Paris, à *l'Ecole de Beaux Arts* après avoir obtenu une bourse d'études; il expose à Alger à partir de 1907; il est l'un des meilleurs représentants des peintres de paysages d'Algérie; il voyage dans toute l'Algérie mais aussi au Maroc et en Tunisie (page 56).

Cacan, Félicien (1880-1979); independent artist, painter, engraver and lithographer; he exhibited at the *Salon des Artistes Français* in 1904, then at the *Galerie Nationale*; he was a student and friend of J.E. Blanche (page 57).

Chabaud, Auguste (1882-1955); fauvist painter born in Nîmes; in 1896, he entered the *l'Ecole des Beaux-Arts* in Avignon, and then in 1899, he entered the *l'Ecole Nationale des Beaux-Arts* in Paris; he also attended *l'Academie Julian* and *l'Académie Carrière*, where he met Henri Matisse, André Derain and Jean Puy; his first private exhibition was in Toulouse in 1908; financial and health problems restrained his artistic production (page 59).

Braque, Georges (1882-1963); cubist artist, in 1902 he joined the Fauves as the youngest member; in 1908 he produced his first cubist canvases to which the lessons of fauvism contributed; he along with Picasso was one of the founders of Cubism (page 61).

David, Hermine (1886-1970); accepted in 1902 at the age of sixteen into the *l'Ecole de Beaux-Arts*, she exhibited regularly at the *Salon de Femme Peintres* from 1905 onward; during her five-year stay in the United States, David exhibited in New York; after returning to France in 1920, she was given an exhibition in London and several one-person shows at prominent Paris galleries (page 64).

Gernez, Paul-Elie (1888-1948); born in Honfleur, he first joined the local art academies, but in 1908, he moved to Paris where he stayed until 1911; he mainly painted landscapes, marines, still lifes, flowers, and a few nudes; he organized one-man shows in Paris in 1917, 1922, and 1924; he also participated in the major Paris salons (page 69).

Cacan, Félicien (1880-1979); artiste indépendant, peintre, graveur et lithographe; il exposa au *Salon des Artistes Français* dès 1904, puis à la *Galerie Nationale*; il a été élève et ami de J.E. Blanche (page 57).

Chabaud, Auguste (1882-1955); peintre fauviste né à Nîmes; en 1896 il entre à *l'Ecole des Beaux-Arts* d'Avignon, et puis en 1899 il entre à *l'Ecole Nationale des Beaux-Arts* à Paris; fréquente aussi *l'Académie Julian* et *l'Académie Carrière*, où il fait la connaissance de Henri Matisse, d'André Derain et de Jean Puy; première exposition particulière, à Toulouse, en 1908; les ennuis d'argent et de santé restreignent sa production artistique (page 59).

Braque, Georges (1882-1963); artiste cubiste, il s'est enrôlé en 1902 dans le Fauvisme comme le plus jeune membre; en 1908 il a produit son premier canevas cubiste auquel les leçons de fauvisme ont contribué; il était avec Picasso l'un des fondateurs de Cubisme (page 61).

David, Hermine (1886-1970); acceptée en 1902 à l'âge de 16 ans à *l'Ecole de Beaux-arts*, elle a exposé régulièrement au *Salon de Femme Peintres* à partir de 1905; pendant son séjour de cinq ans aux Etats-Unis, David a exposé à New York; après avoir rentré en France en 1920, elle a reçu une exposition à Londres et plusieurs expositions individuelles aux galeries éminentes de Paris (page 64).

Gernez, Paul-Elie (1888-1948); né à Honfleur, il a joint premièrement les académies d'art locales mais en 1908 il s'est transféré à Paris où il est resté jusqu'en 1911; il a principalement peint des paysages, marines, natures mortes, fleurs et quelques nus; il a organisé des expositions individuelles à Paris en 1917, en 1922 et en 1924; il a participé aussi aux salons majeurs de Paris (page 69).

Marguerite Gérard (1761 - 1837)

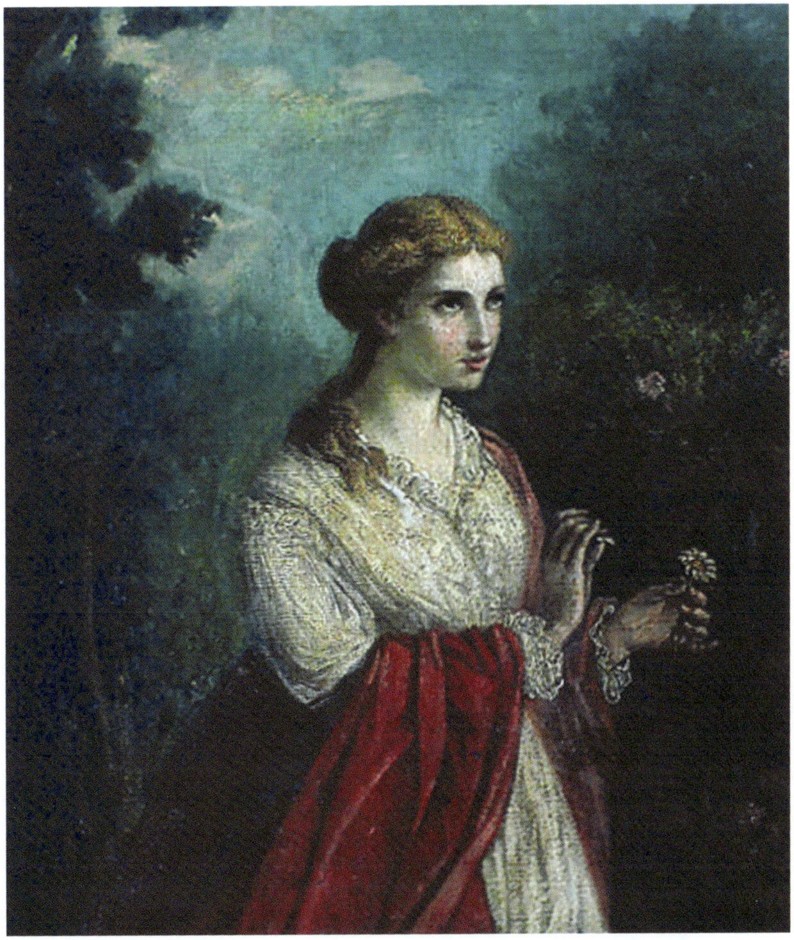

Girl stripping the leaves off a marguerite; oil on canvas; unsigned; 44.5 x 52.5 cm;
Paris, France, Scarabee75 eBay store.

Jeune fille effeuillant une marguerite; huile sur toile; non signée; 44,5 x 52,5 cm;
Paris, France, boutique eBay Scarabee75.

François Delpech (1778 - 1825)

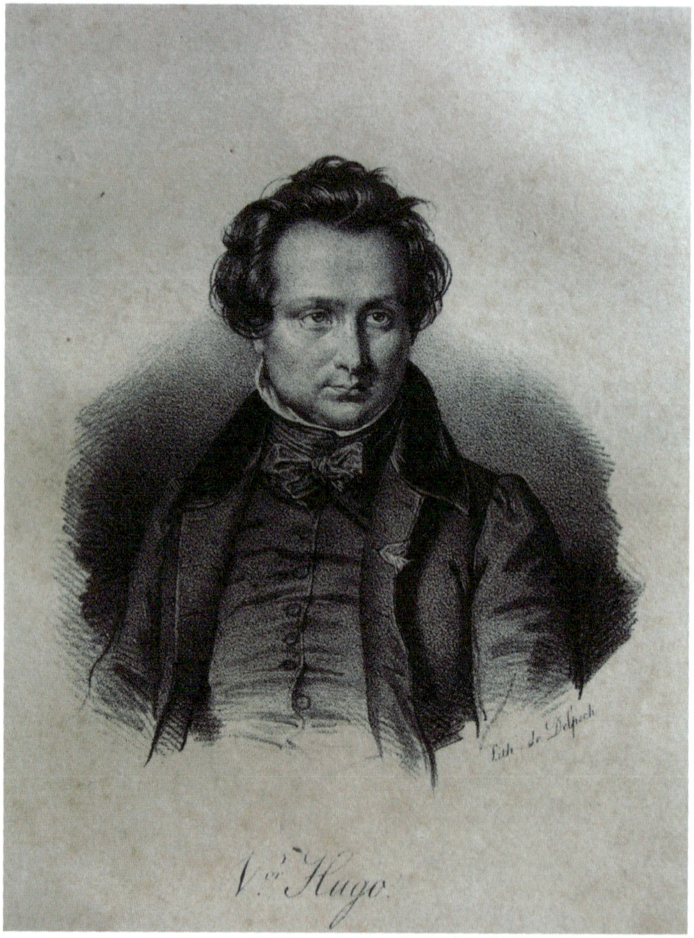

Portrait of Victor Hugo; lithography; signed; 19 x 25 cm;
Nice, France, Sasart eBay store.

Le portrait de Victor Hugo; lithographie; signée; 19 x 25 cm;
Nice, France, boutique eBay Sasart.

Charles Nicolas Ransonnette (1793 - 1877)

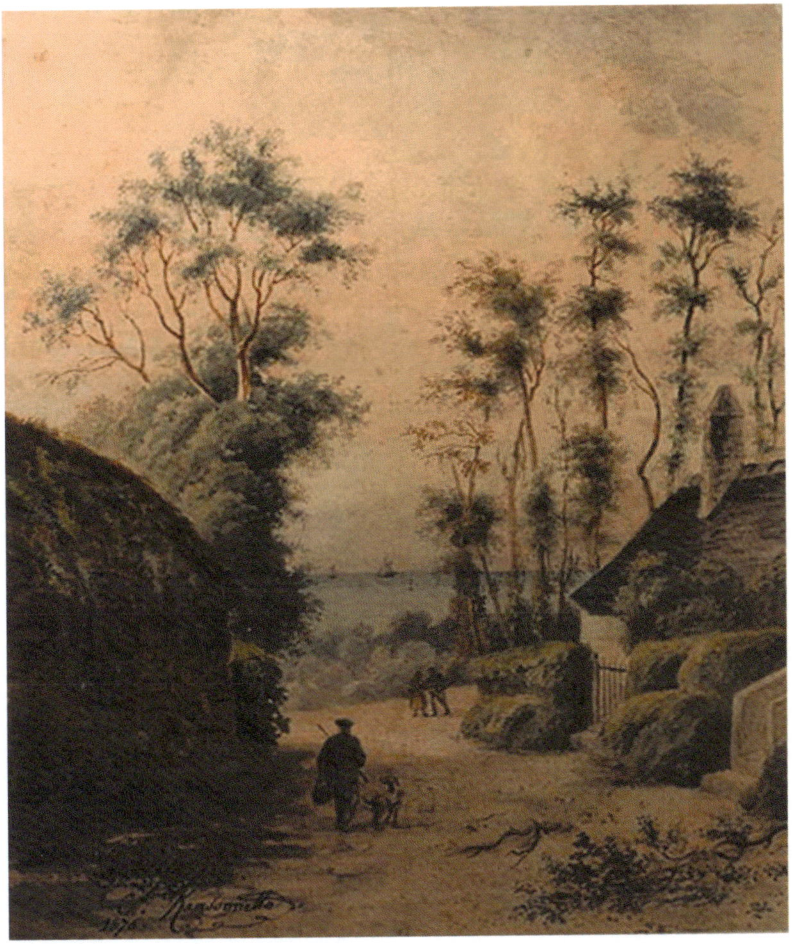

Return from fishing; watercolor; signed and dated 1876; 24 x 30 cm;
Alpes, France, Zoomsylvain eBay store.

Retour de pêche; aquarelle; signée et datée 1876; 24 x 30 cm;
Alpes, France, boutique eBay Zoomsylvain.

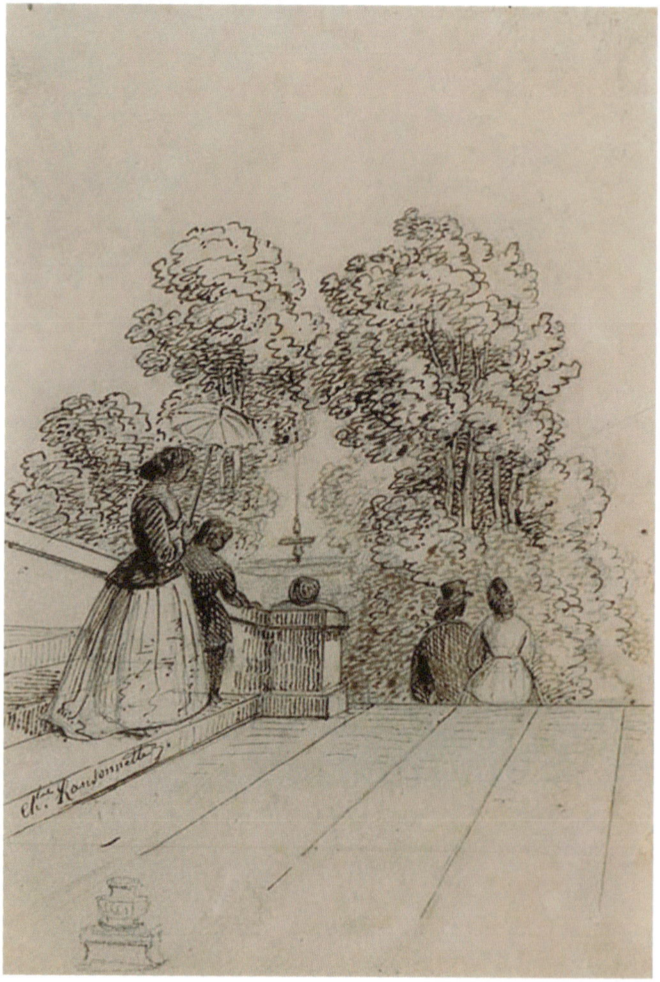

In park; pencil and brown ink drawing; signed; 12.5 x 19.4 cm;
Vienna, Austria, Boris Wilnitsky Fine Arts gallery.

Dans le parc; dessin au crayon et encre brune; signé; 12,5 x 19,4 cm;
Vienne, Autriche, galerie Boris Wilnitsky Fine Arts.

Ferdinand Victor Eugène Delacroix (1798 - 1863)

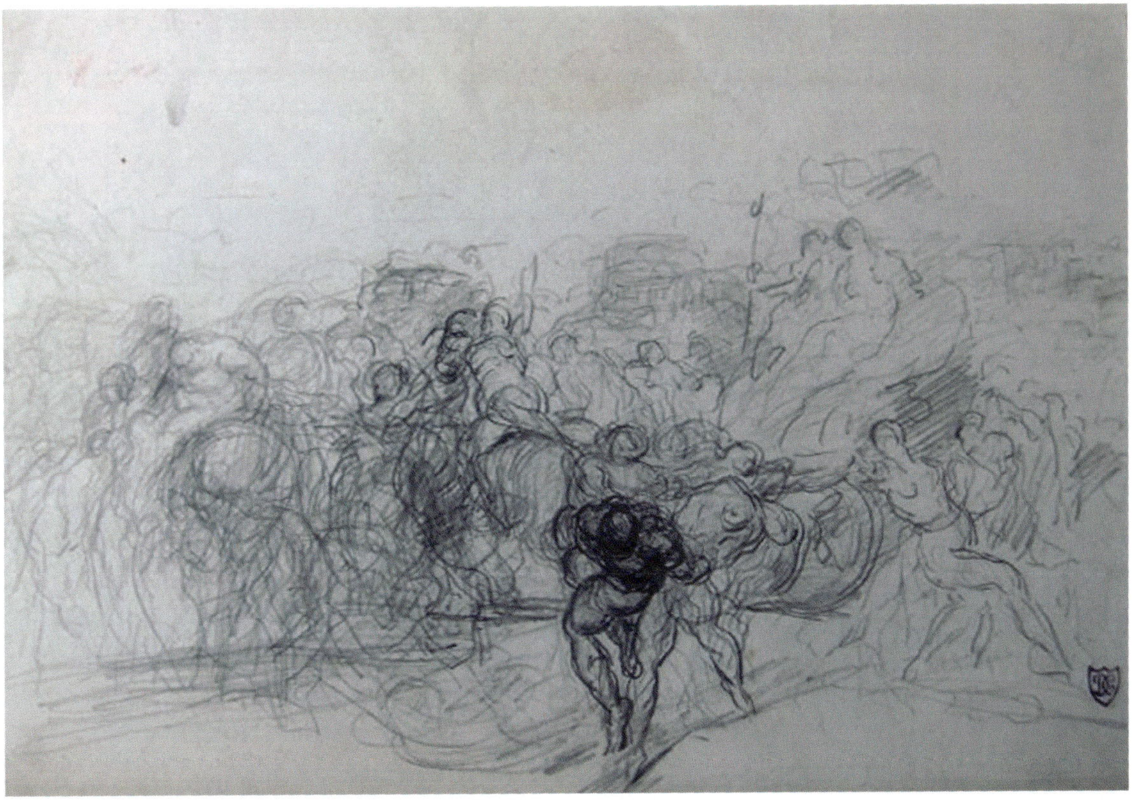

Study; pencil drawing; unsigned; 36 x 24 cm;
Paris, France, Jeanpaul321 eBay store.

Etude; dessin au crayon; non signé; 36 x 24 cm;
Paris, France, boutique eBay Jeanpaul321.

Auguste Luc Demoussy (1809 - 1880)

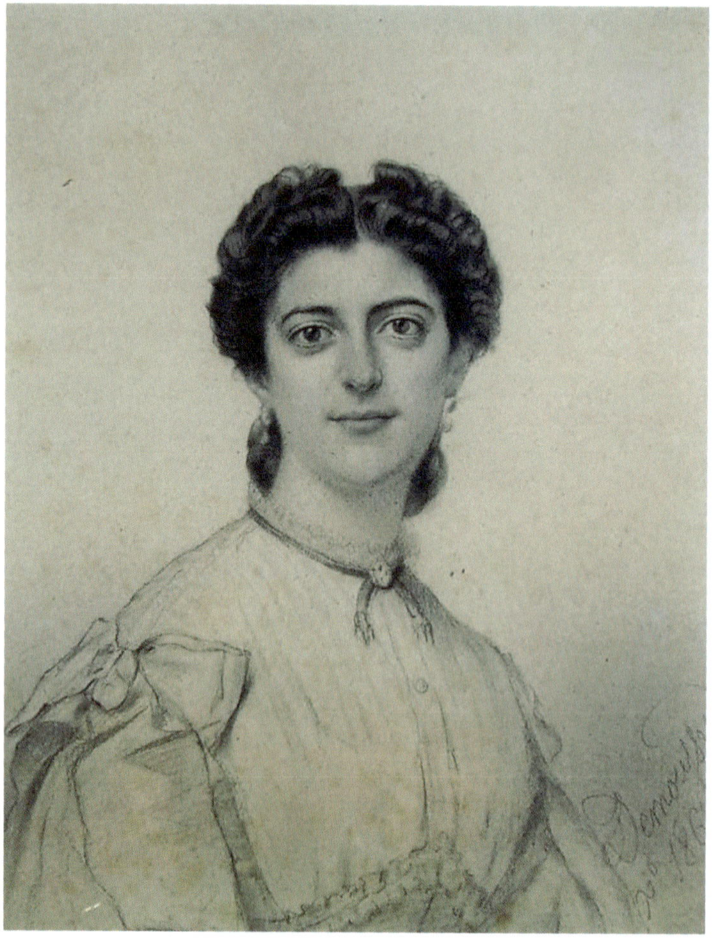

Portraits of a couple; pencil drawing; signed and dated 1864; 33.5 x 43 cm; Limousin, France, Tableauxdessinsancienschatomargaux eBay store.

Portraits de couple; dessin au crayon; signé et daté 1864; 33,5 x 43 cm; Limousin, France, boutique eBay Tableauxdessinsancienschatomargaux.

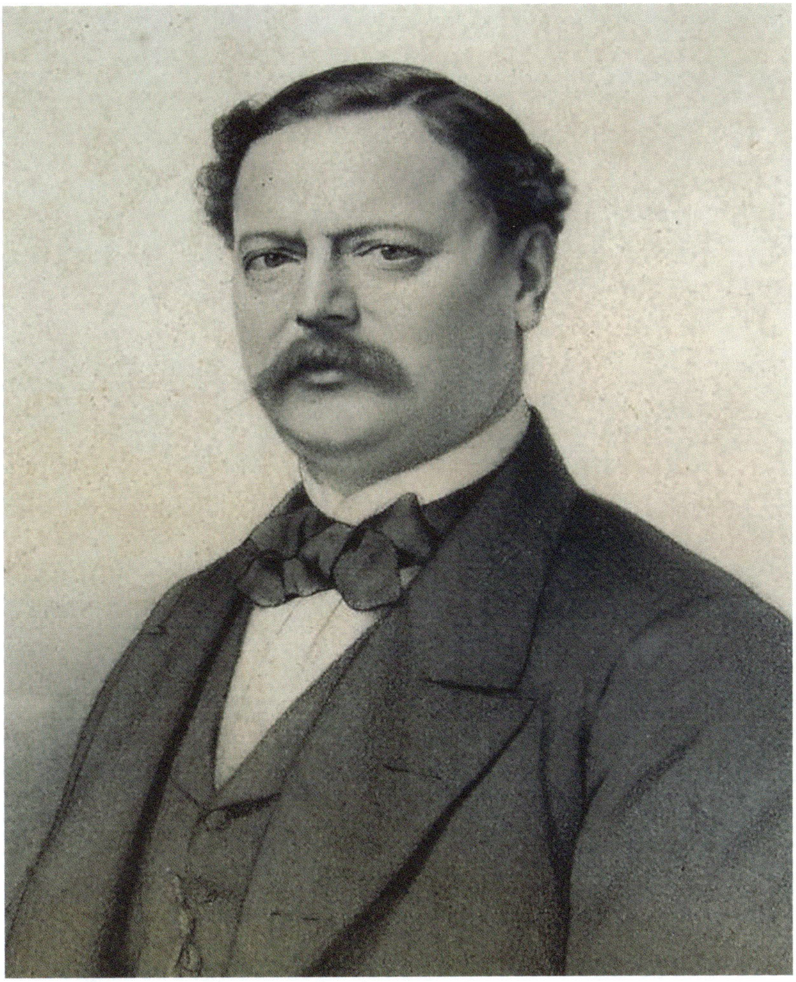

Portraits of a couple; pencil drawing; signed and dated 1864; 33.5 x 43 cm;
Limousin, France, Tableauxdessinsancienschatomargaux eBay store.

Portraits de couple; dessin au crayon; signé et daté 1864; 33,5 x 43 cm;
Limousin, France, boutique eBay Tableauxdessinsancienschatomargaux.

Émile César Victor Perrin (1814 - 1885)

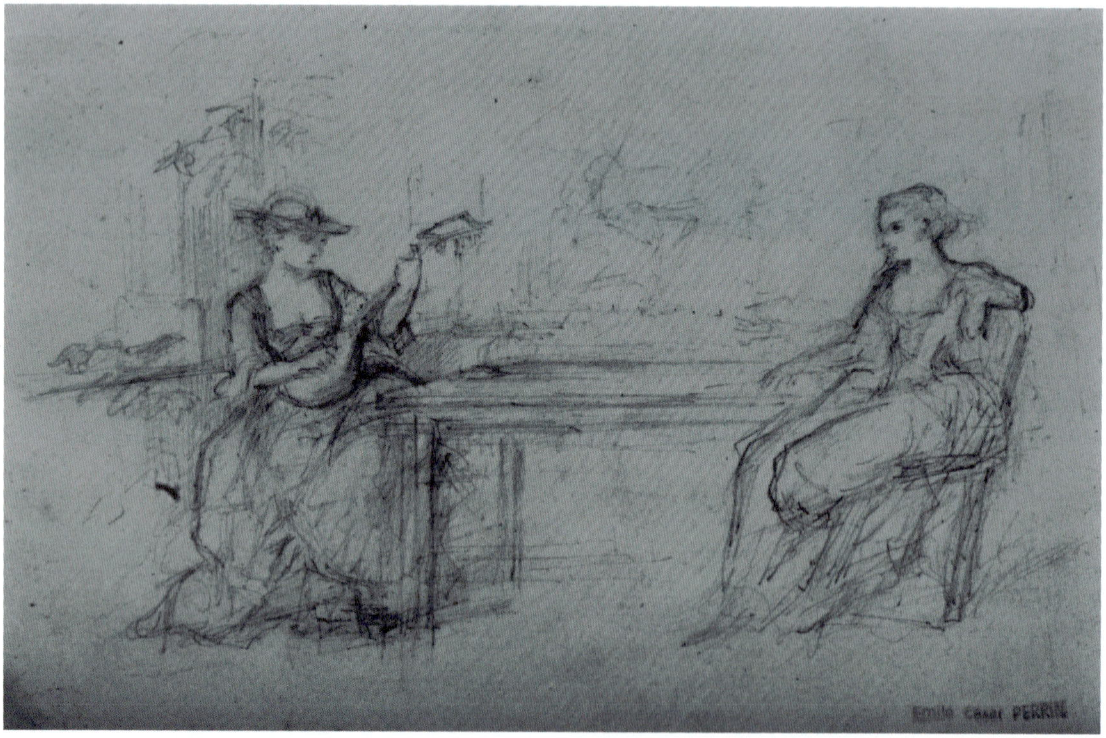

Two women sitting at a table; study; charcoal drawing; unsigned; 19.5 x 13 cm;
Poitou-Charentes, France, Tab-art eBay store.

Deux femmes assises à une table; etude; dessin à la mine de plomb; non signé; 19,5 x 13 cm;
Poitou-Charentes, France, boutique eBay Tab-art.

Felix Ziem (1821 - 1911)

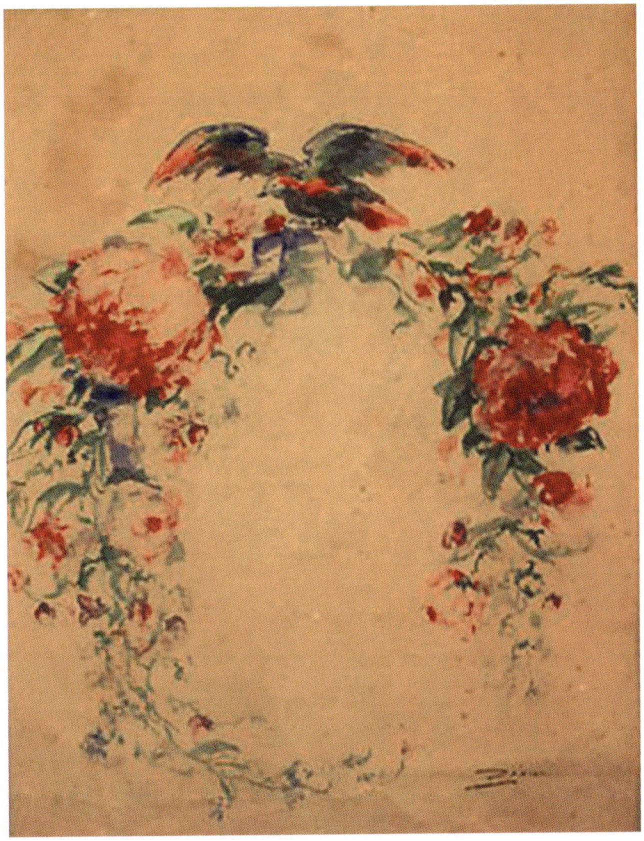

Flower garland; watercolor on cardboard; signed; 19.5 x 26 cm;
Alpes, France, Enplua eBay store.

Guirlande de fleurs; aquarelle sur carton; signée; 19,5 x 26 cm;
Alpes, France, boutique eBay Enplua.

Octave de Rochebrune (1824 - 1900)

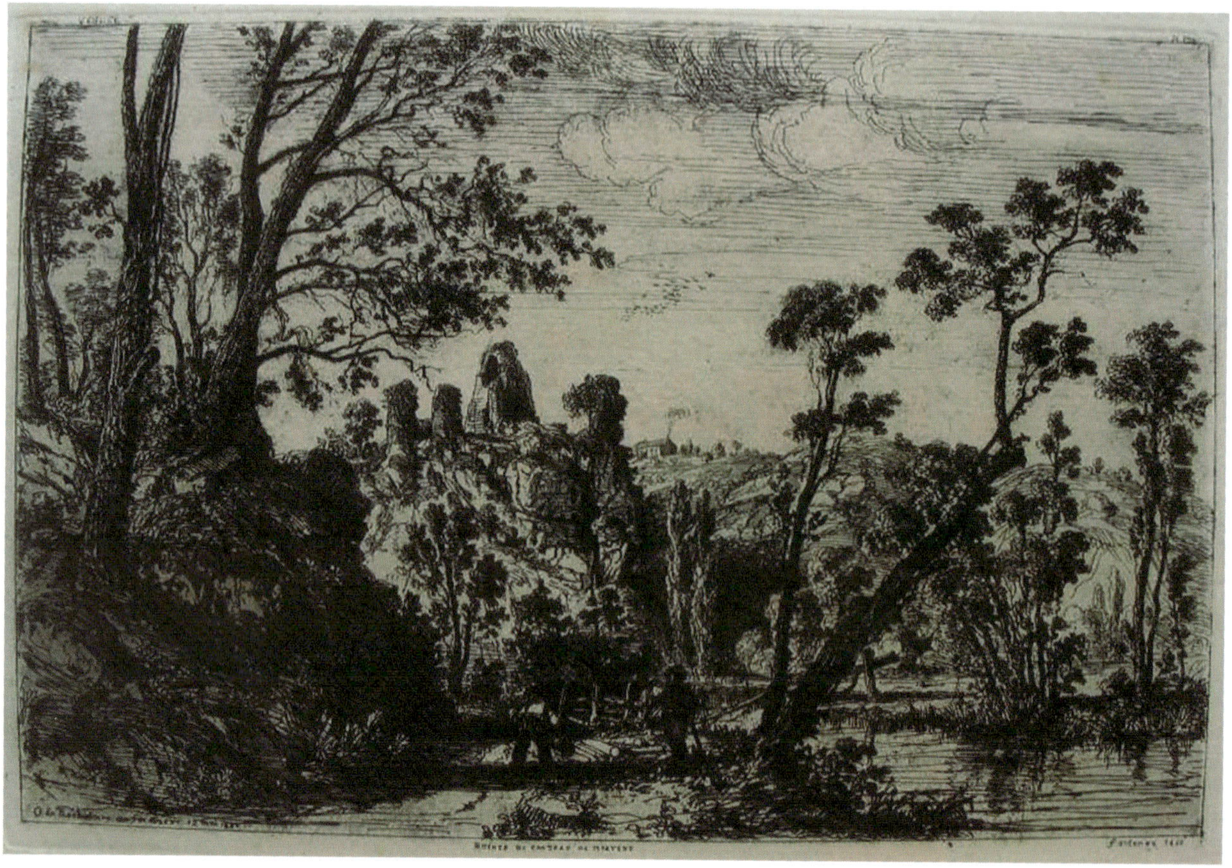

The ruins of the Castle of Mervent; aqua forte engraving; signed and dated 1860; 23 x 16 cm; Midi-Pyrénées, France, Desaintnon eBay store.

Les ruines du Château de Mervent; eau forte gravure; signée et datée 1860; 23 x 16 cm; Midi-Pyrénées, France, boutique eBay Desaintnon.

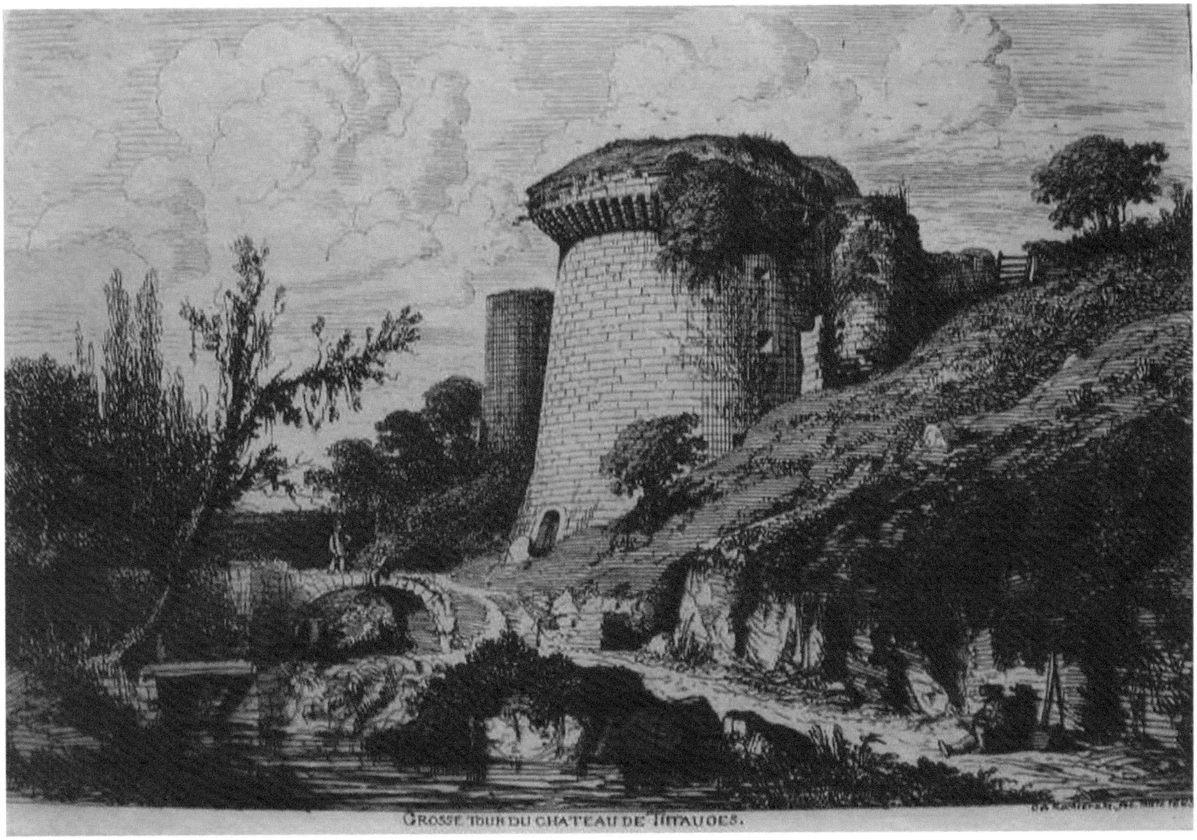

The big tower of the Castle of Tiffauges; aqua forte engraving; signed; 21 x 15.5 cm; Midi-Pyrénées, France, Desaintnon eBay store.

La grosse tour du Château de Tiffauges; eau forte gravure; signée; 21 x 15,5 cm; Midi-Pyrénées, France, boutique eBay Desaintnon.

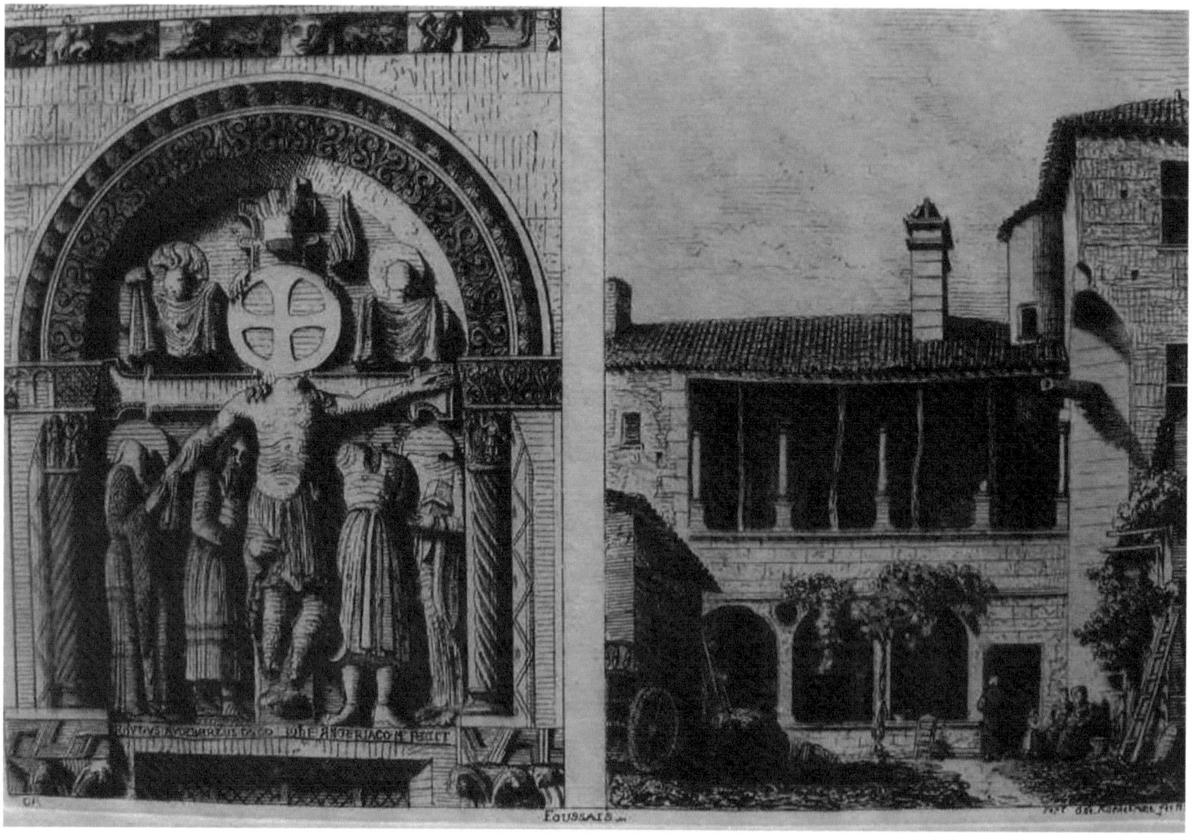

Roman sculpture of the Church of Foussais and a facade of the Poitevine house; aqua forte engraving; signed; 21.5 x 15.5 cm;
Midi-Pyrénées, France, Desaintnon eBay store.

Sculpture romane de l'église de Foussais et une façade de maison Poitevine; eau forte gravure; signée; 21,5 x 15,5 cm;
Midi-Pyrénées, France, boutique eBay Desaintnon.

Eugène-Louis Boudin (1824 - 1898)

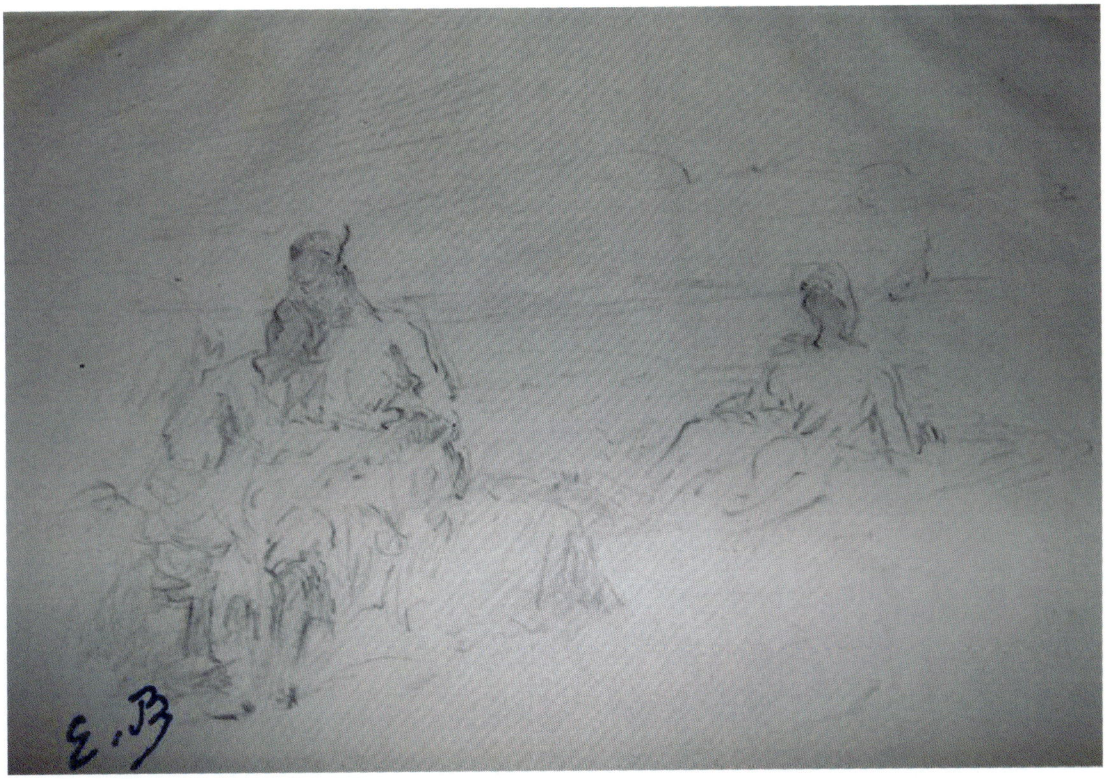

Beach scene in Normandia; study; charcoal drawing; signed; 21 x 14.5 cm;
Paris, France, Jeanpaul321 eBay store.

Scène de plage en Normandie; étude; dessin à la mine de plomb; signé; 21 x 14,5 cm;
Paris, France, boutique eBay Jeanpaul321.

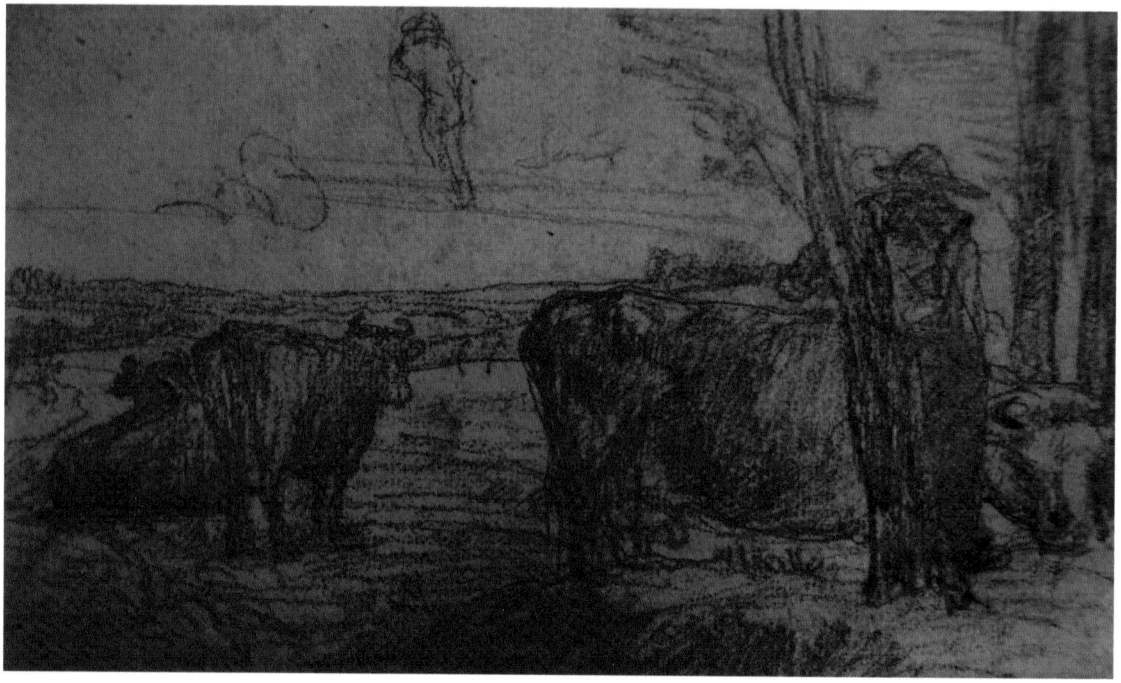

Cowherd leaning upon a tree; study; charcoal drawing; unsigned; 20.5 x 13 cm;
Bourgogne, France, Richardb8828 eBay store.

Vacher appuyé à un arbre; étude; dessin à la mine de plomb; non signé; 20,5 x 13 cm;
Bourgogne, France, boutique eBay Richardb8828.

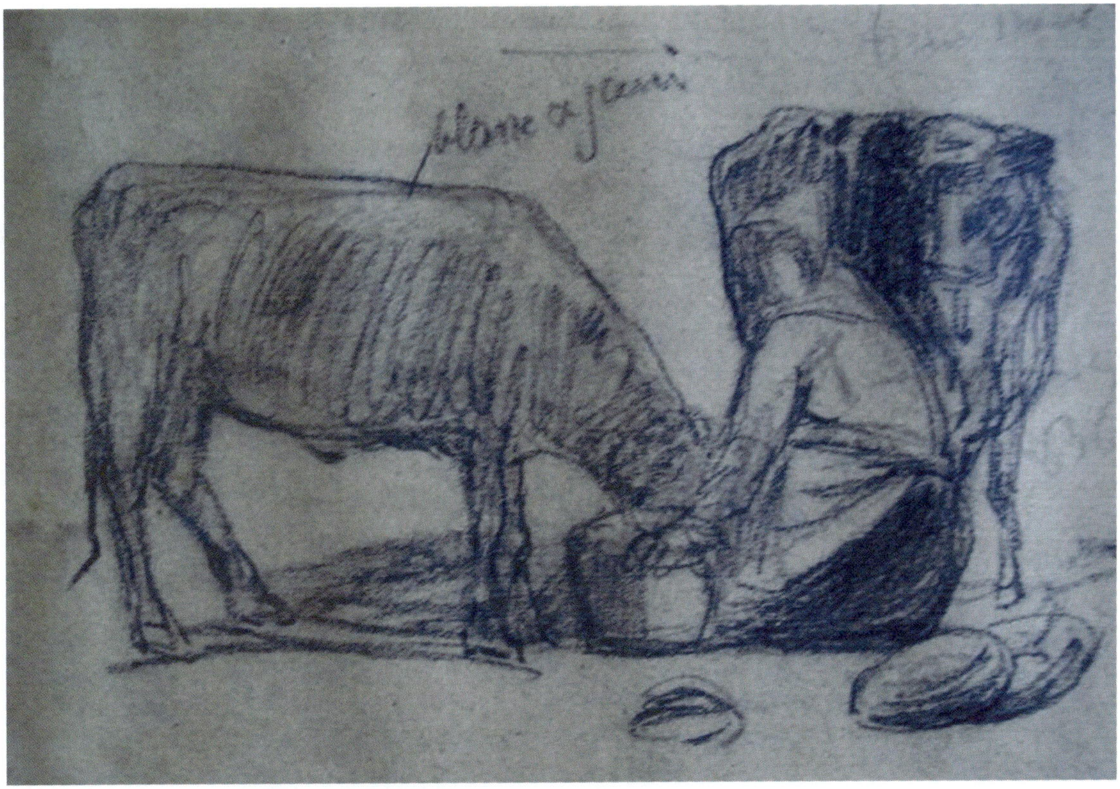

Farmer milking the cows; study; charcoal drawing; unsigned; 20.5 x 13 cm;
Bourgogne, France, Richardb8828 eBay store.

Fermière assise en train de traire; étude; dessin à la mine de plomb; non signé; 20,5 x 13 cm;
Bourgogne, France, boutique eBay Richardb8828.

Benjamin Eugene Fichel (1826 - 1895)

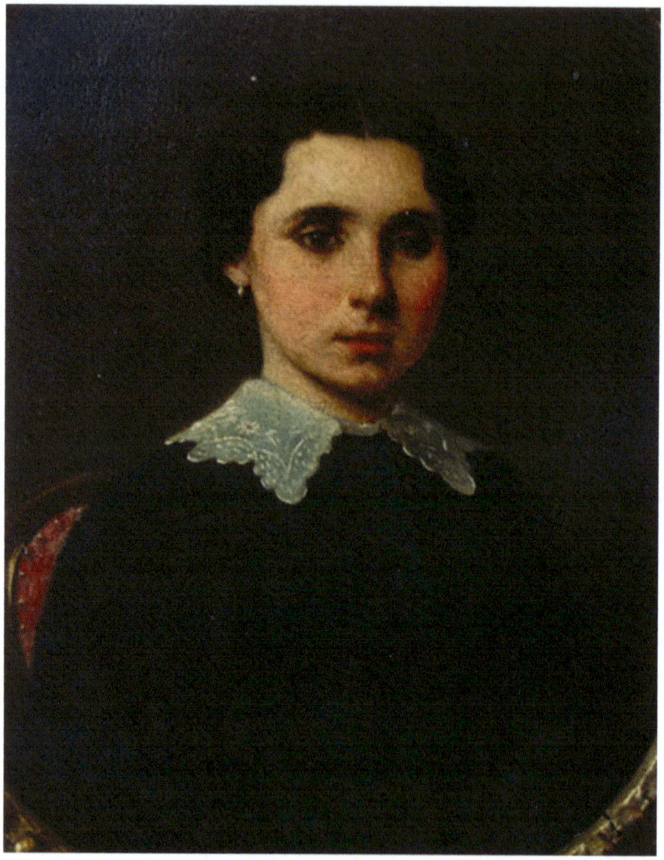

Portrait of a woman; oil on wood panel; signed; 16 x 21 cm;
Paris, France, Amadeus Antiquités store.

Portrait d'une dame; huile sur panneau de bois; signée; 16 x 21 cm;
Paris, France, boutique Amadeus Antiquités.

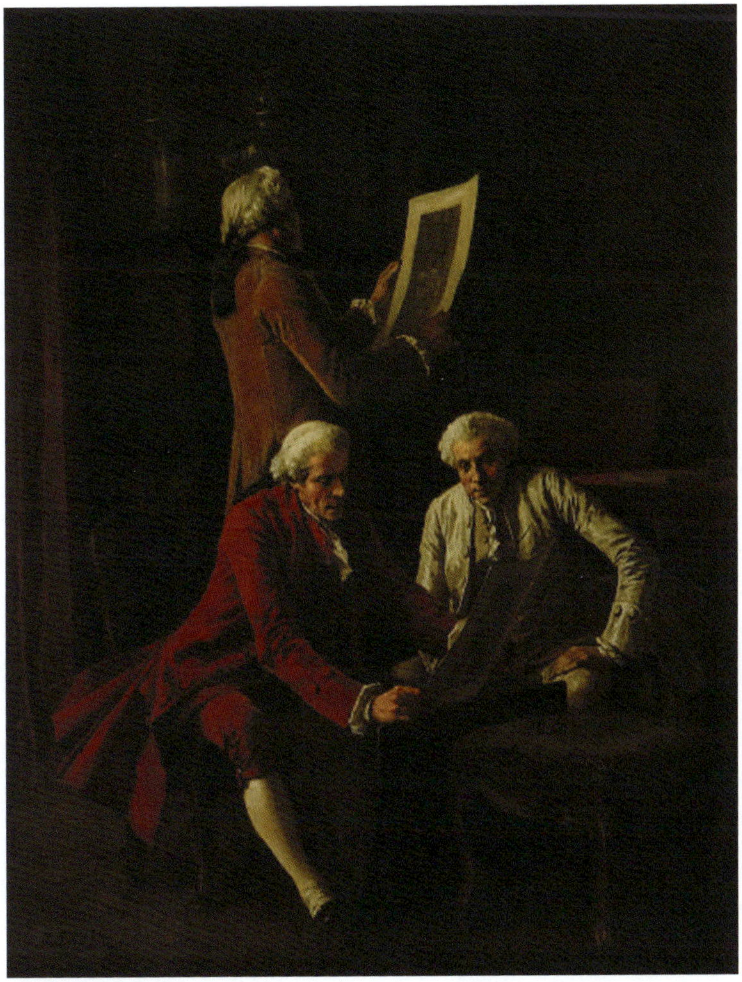

The Connoisseur; oil on canvas; signed and dated 1869; 16.8 x 21.5 cm;
Dallas, United States, Heritage Auctions gallery.

Le Connaisseur; huile sur toile; signée et datée 1869; 16,8 x 21,5 cm;
Dallas, Etats-Unis, galerie Heritage Auctions.

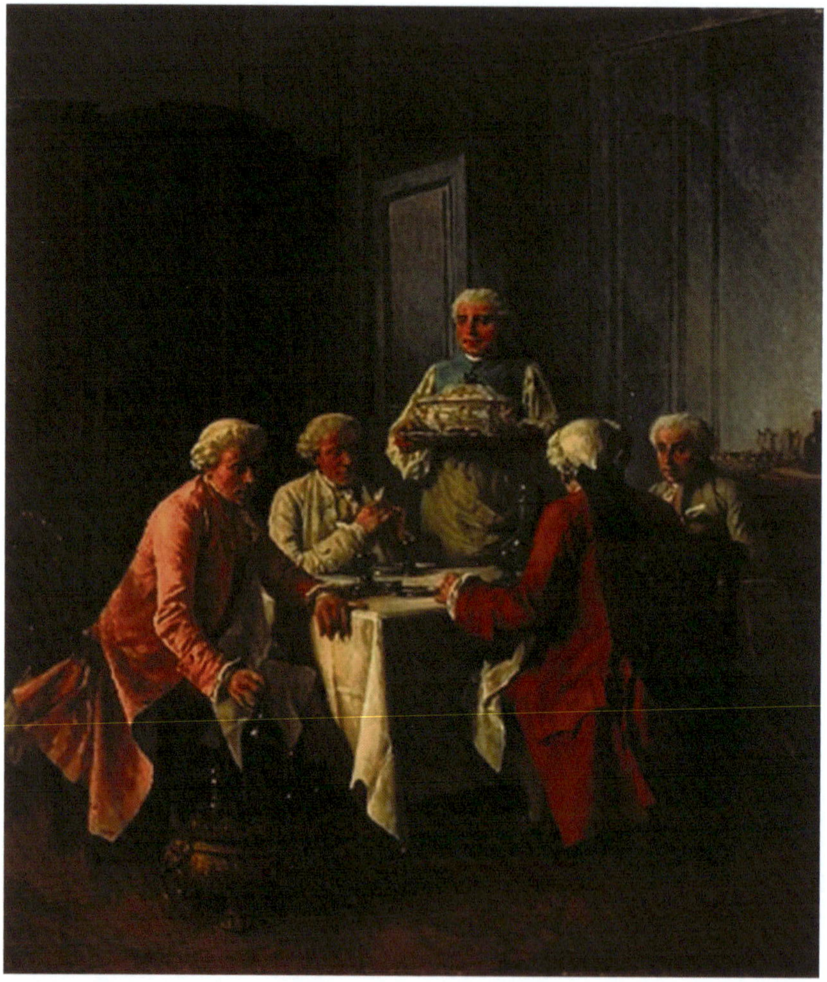

Dinner is served; oil on wood panel; signed and dated 1872; 22.2 x 27.3 cm;
New York, United States, Bonhams gallery.

Le dîner est servi; huile sur panneau de bois; signée et datée 1872; 22,2 x 27,3 cm;
New York, Etats-Unis, galerie Bonhams.

Marius Pauzat (1832 - 1909)

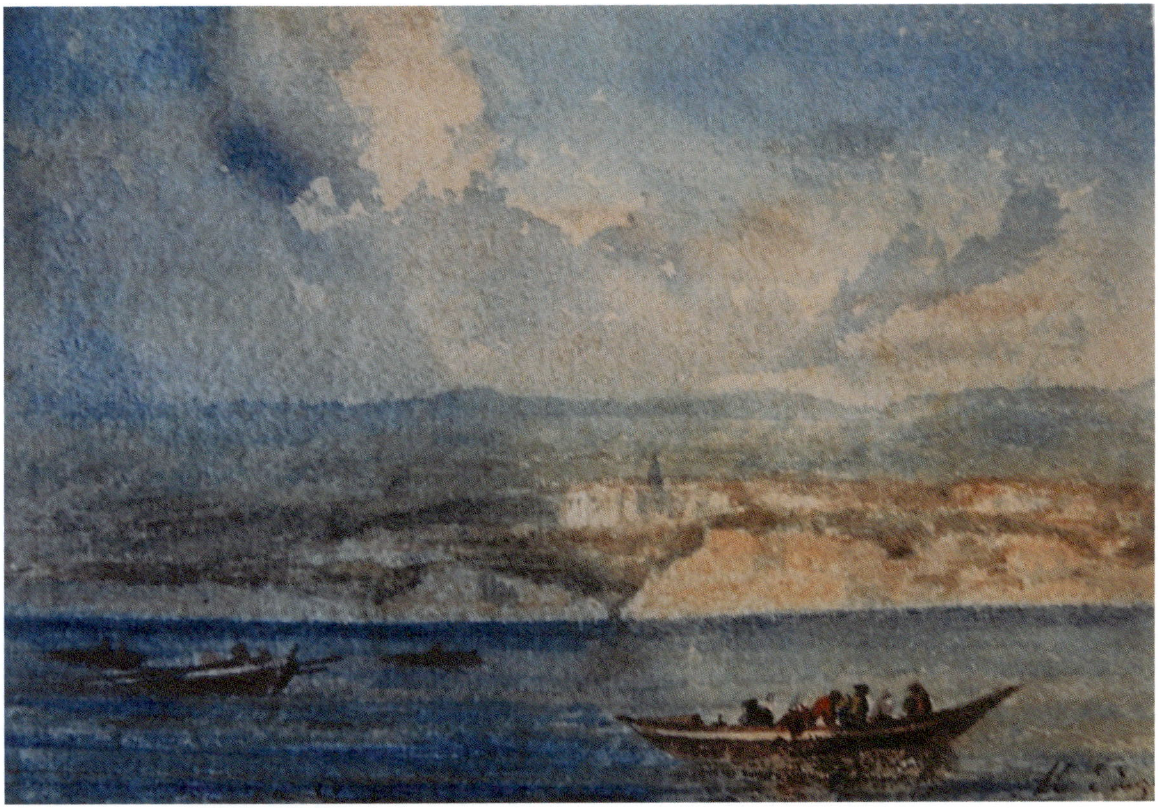

Boats in Marseille Harbor; watercolor; signed with dedication; 17.7 x 12.7 cm;
Alpes, France, Kytwocat eBay store.

Des barques dans le port de Marseille; aquarelle; signée avec dédicace; 17,7 x 12,7 cm;
Alpes, France, boutique eBay Kytwocat.

Gaston Guignard (1848 - 1922)

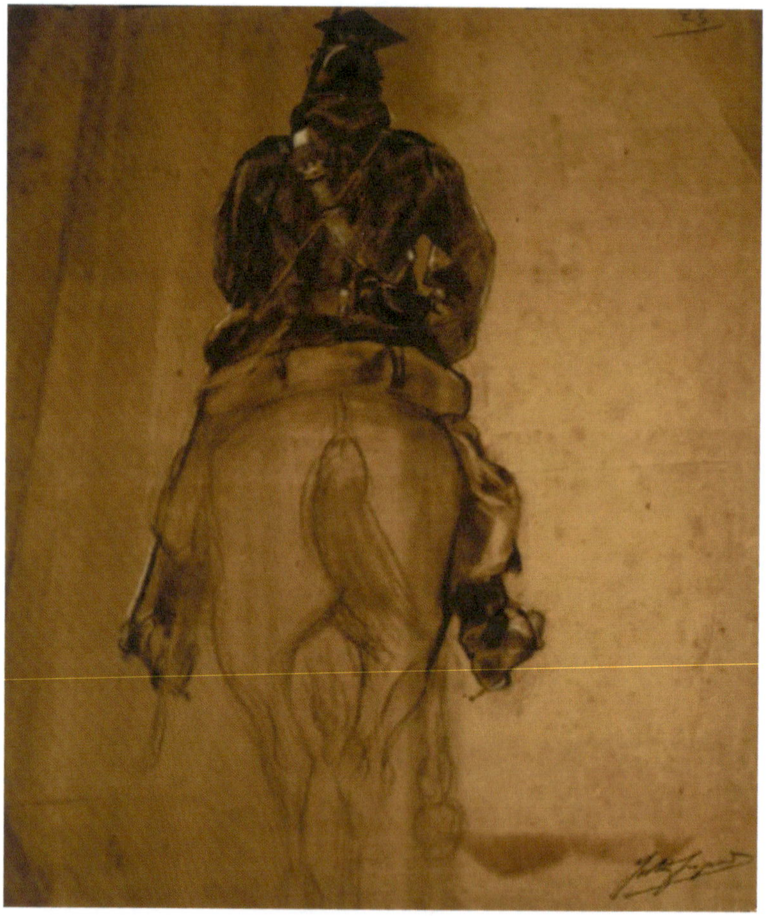

Lancer; drawing enhanced with white chalk; signed; 49 x 59 cm;
Poitou-Charentes, France, Tab-art eBay store.

Lancier; dessin - fusain et rehauts de craie blanche; signée; 49 x 59 cm;
Poitou-Charentes, France, boutique eBay Tab-art.

Gaston Anglade (1854 - 1919)

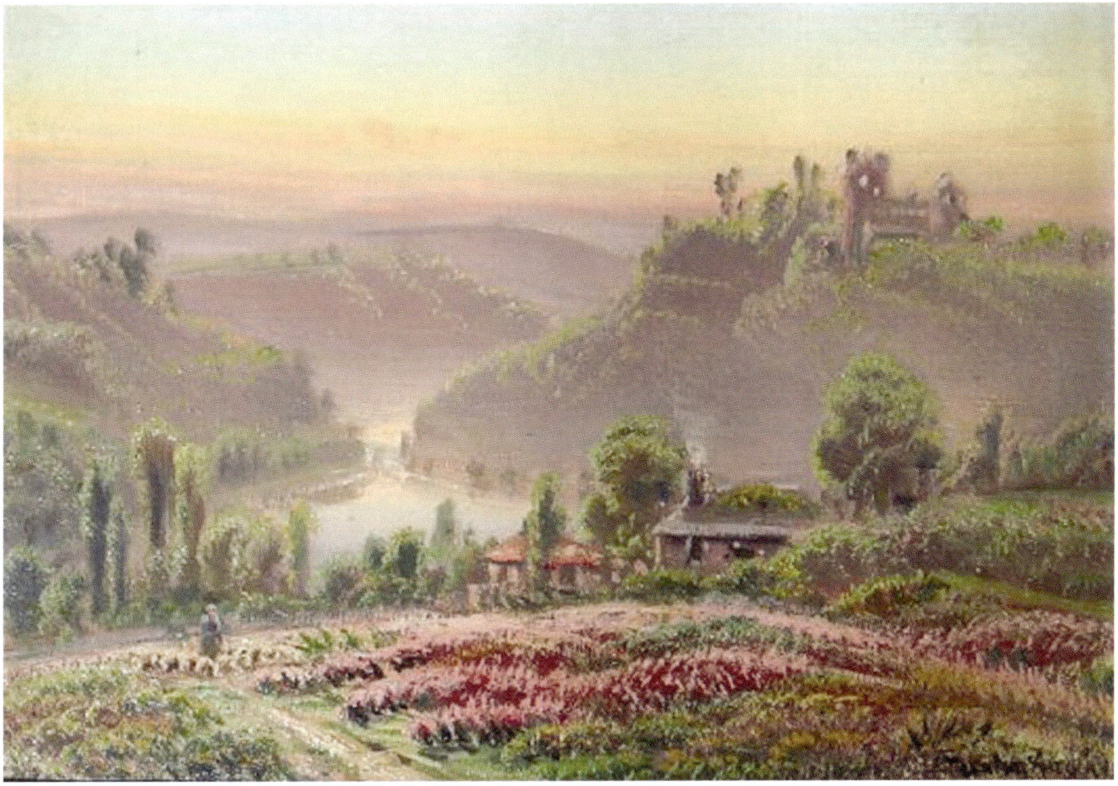

Creuse valley; oil on canvas; signed; 34 x 25 cm;
Nice, France, Luxart21 eBay store.

La vallée de la Creuse; huile sur toile; signée; 34 x 25 cm;
Nice, France, boutique eBay Luxart21.

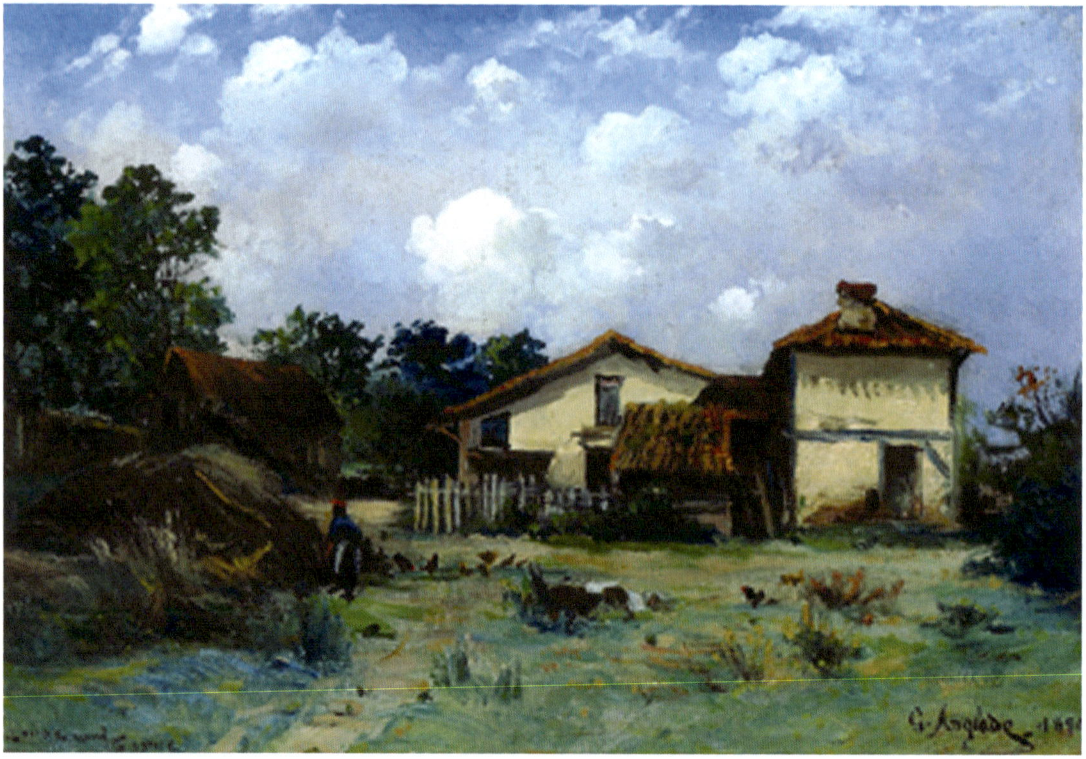

Farm; oil on canvas; signed and dated 1898; 46 x 32.5 cm;
Vienna, Austria, Dorotheum gallery.

Ferme; huile sur toile; signée et datée 1898; 46 x 32,5 cm;
Vienne, Autriche, galerie Dorotheum.

Eugène Galien-Laloue (1854 - 1941)

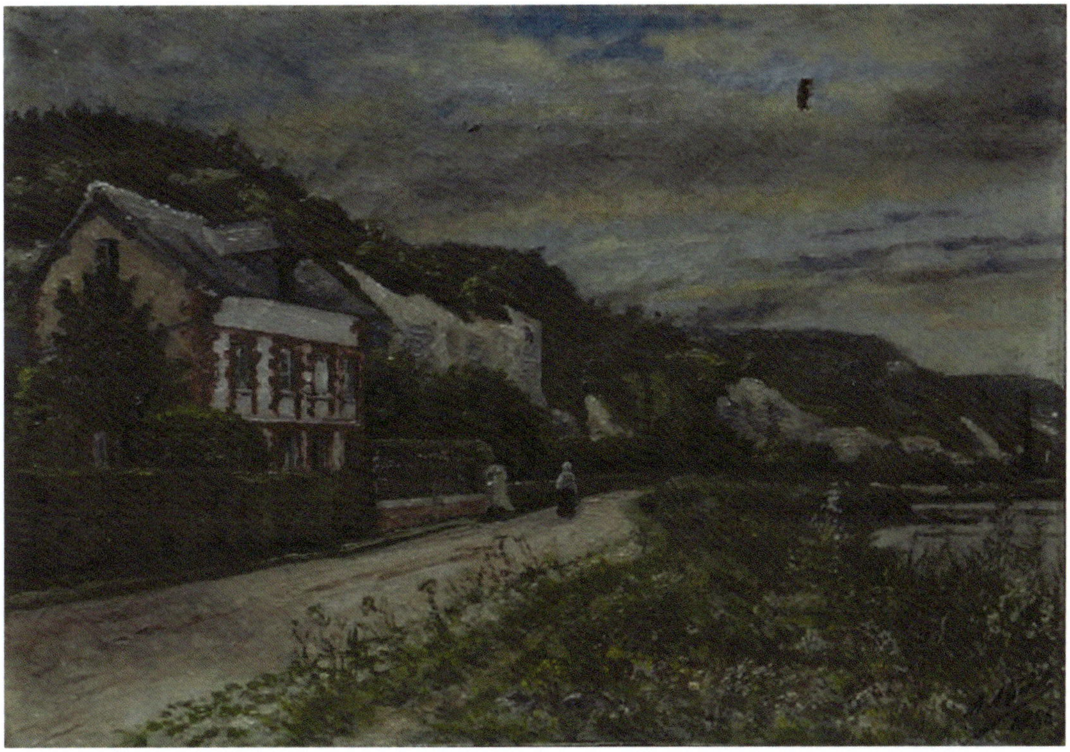

Country road along a river bank; oil on canvas; signed *A. Michel* and dated 1886; 46 x 32 cm; Mouscron, Belgium, Web-antic-diffusion eBay store.

Rue au bord de rivière; huile sur toile; signée *A. Michel* et datée 1886; 46 x 32 cm; Mouscron, Belgique, boutique eBay Web-antic-diffusion.

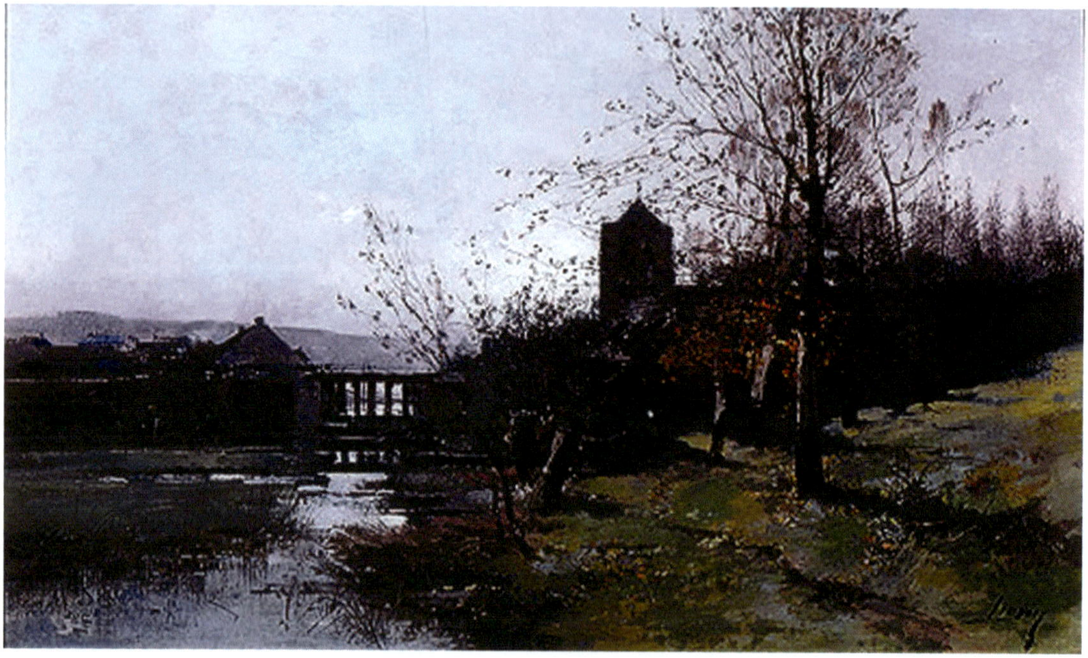

Romantic landscape; oil on canvas; signed *J. Lievin*; 54.6 x 33 cm;
Dallas, United States, European Art gallery.

Paysage romantique; huile sur toile; signée *J. Lievin*; 54,6 x 33 cm;
Dallas, Etats-Unis, galerie European Art.

Paul Langlois (1858 - 1906)

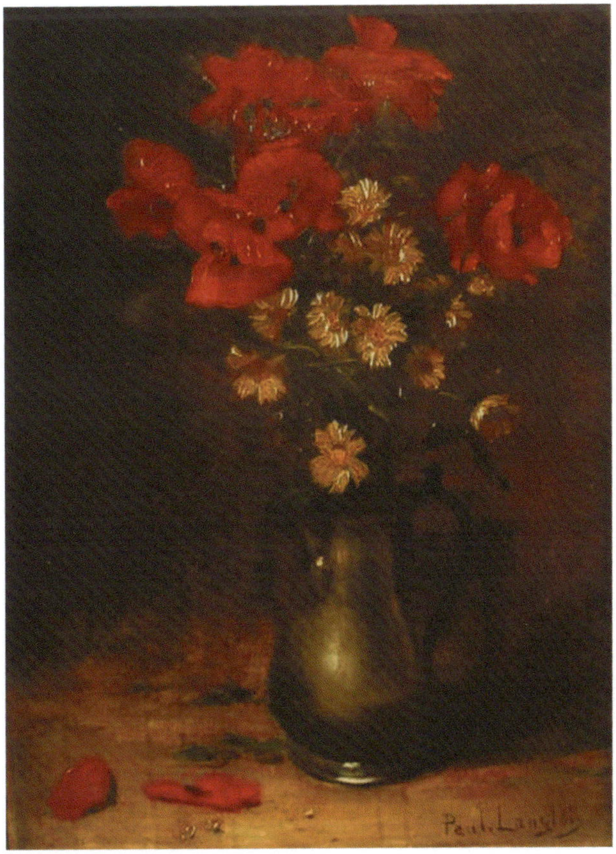

Poppies and marguerites; oil on canvas; signed; 46 x 65 cm;
Alpes, France, Enplua eBay store.

Coquelicots et marguerites; huile sur toile; signée; 46 x 65 cm;
Alpes, France, boutique eBay Enplua.

Henri Matisse (1869 - 1954)

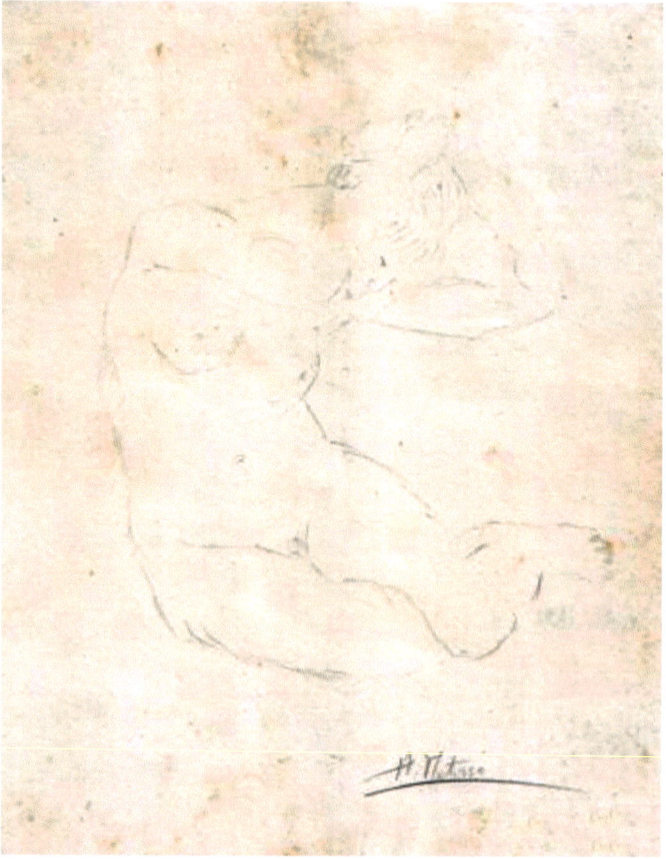

Nude woman; pencil drawing; signed; 21 x 29 cm;
Montauban, France, Magange82 eBay store.

Femme nue; dessin au crayon; signé; 21 x 29 cm;
Montauban, France, boutique eBay Magange82.

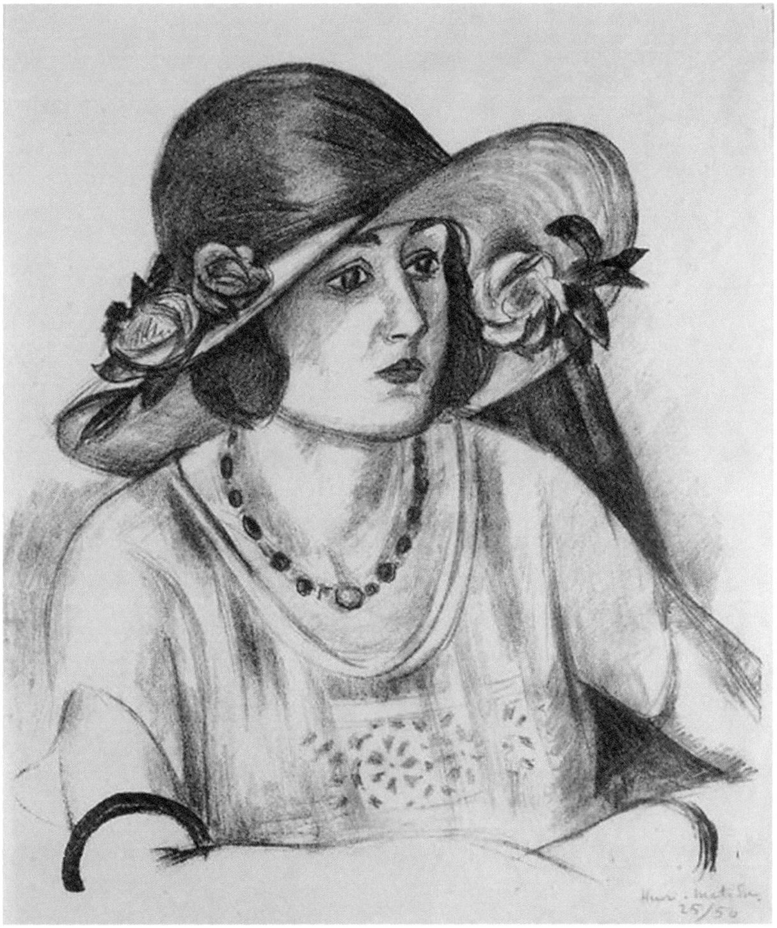

Italian straw hat; lithography; signed and numbered; 45.4 x 58.1 cm;
Beverly Hills, United States, Galerie Michael.

La Capeline de Paille d'Italie; lithographie; signée et numérotée; 45,4 x 58,1 cm;
Beverly Hills, Etats-Unis, Galerie Michael.

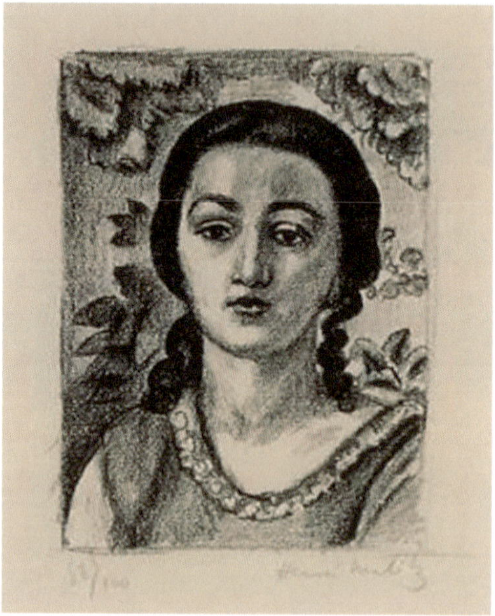

Young girl with curly brown hair; lithography; signed and numbered; 13 x 19 cm;
Beverly Hills, United States, Galerie Michael.

Jeune Fille Aux Boucles Brunes; lithographie; signée et numérotée; 13 x 19 cm;
Beverly Hills, Etats-Unis, Galerie Michael.

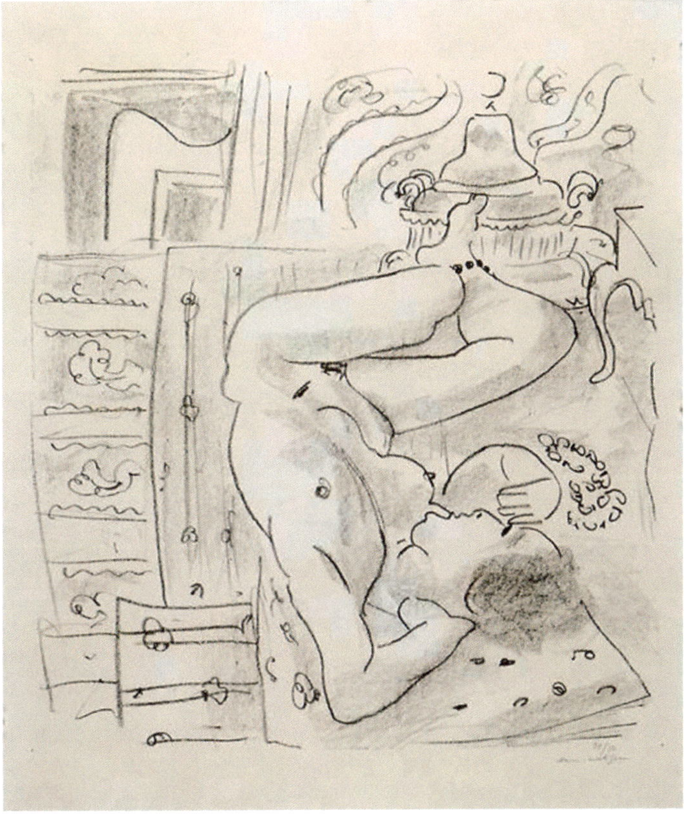

Reversed nude at the brazier; lithography; signed and numbered; 47 x 57 cm;
Beverly Hills, United States, Galerie Michael.

Nu renversé au brasero; litographie; signée et numerotée; 47 x 57 cm;
Beverly Hills, Etats-Unis, Galerie Michael.

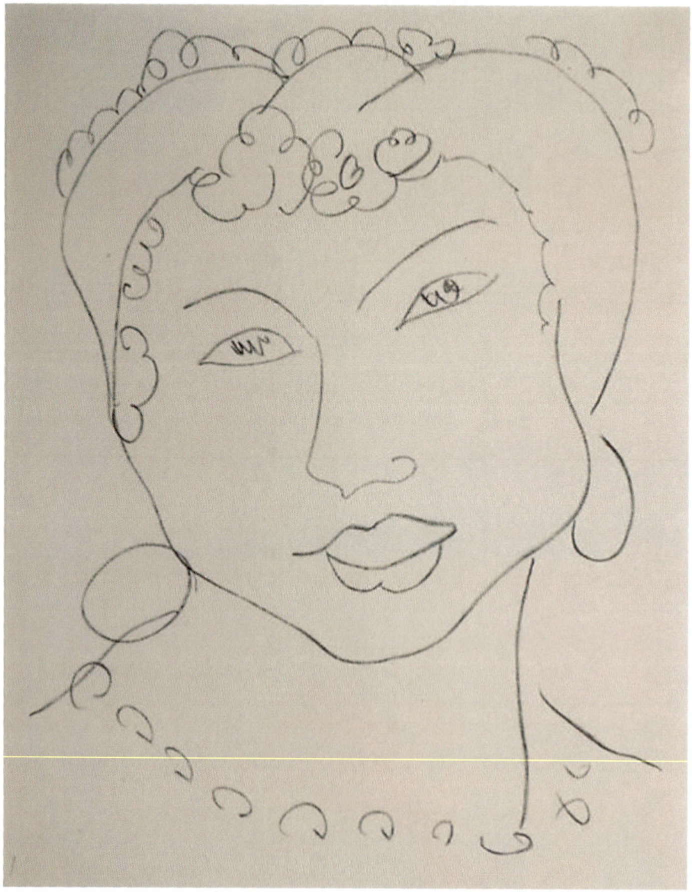

Baudelaire: The Flowers of Evil – Carmen with circle earings; lithography; unsigned; 25 x 33.3 cm; Beverly Hills, United States, Galerie Michael.

Baudelaire: Les fleurs du mal - Carmen aux boucles d'oreille; lithographie; non signée; 25 x 33,3 cm; Beverly Hills, Etats-Unis, Galerie Michael.

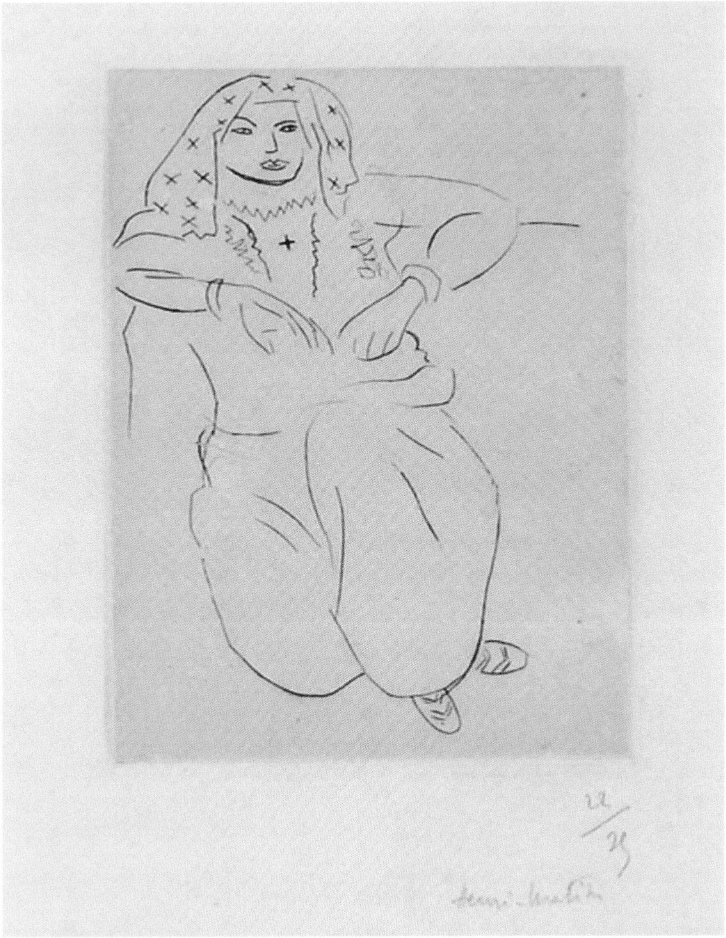

Oriental man with cross tattoo on the chest; etching; signed and numbered; 28.2 x 37.7 cm; Beverly Hills, United States, Galerie Michael.

Oriental, tatouage aux croix sur la poitrine; gravure; signée et numerotée; 28,2 x 37,7 cm; Beverly Hills, Etats-Unis, Galerie Michael.

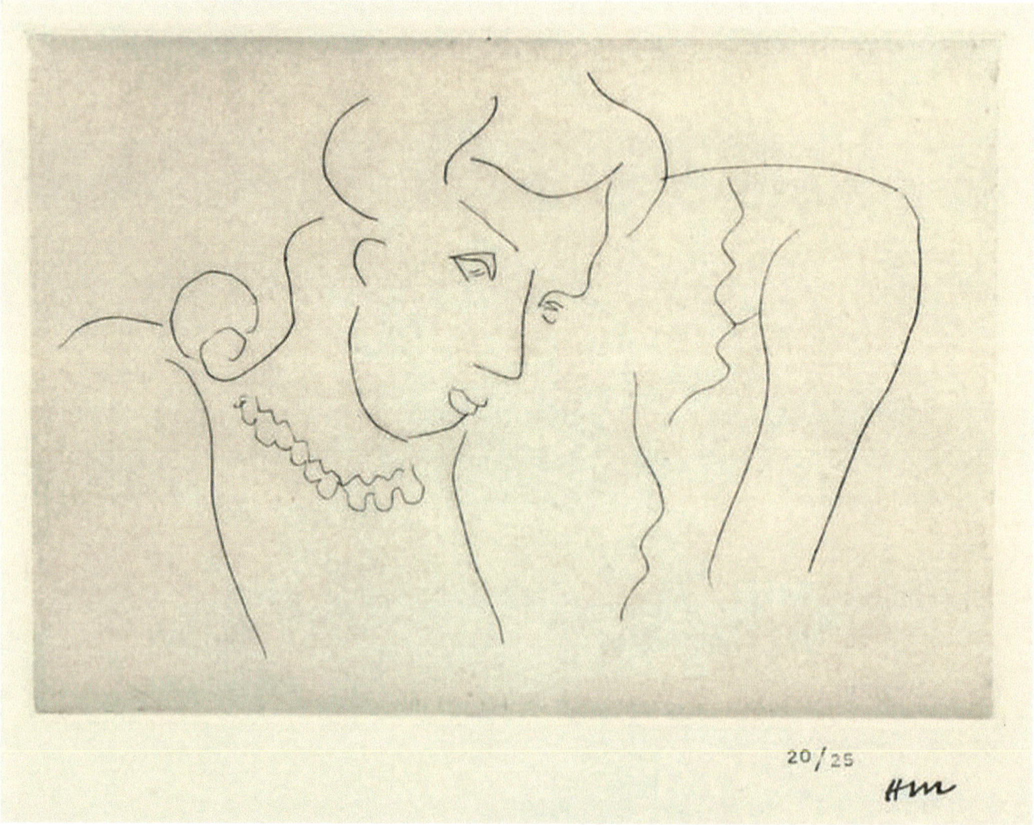

Young woman with necklace; etching; signed and numbered; 14.6 x 10.7 cm;
Beverly Hills, Unites States, Galerie Michael.

Jeune Femme au Collier; gravure; signée et numerotée; 14,6 x 10,7 cm;
Beverly Hills, Etats-Unis, Galerie Michael.

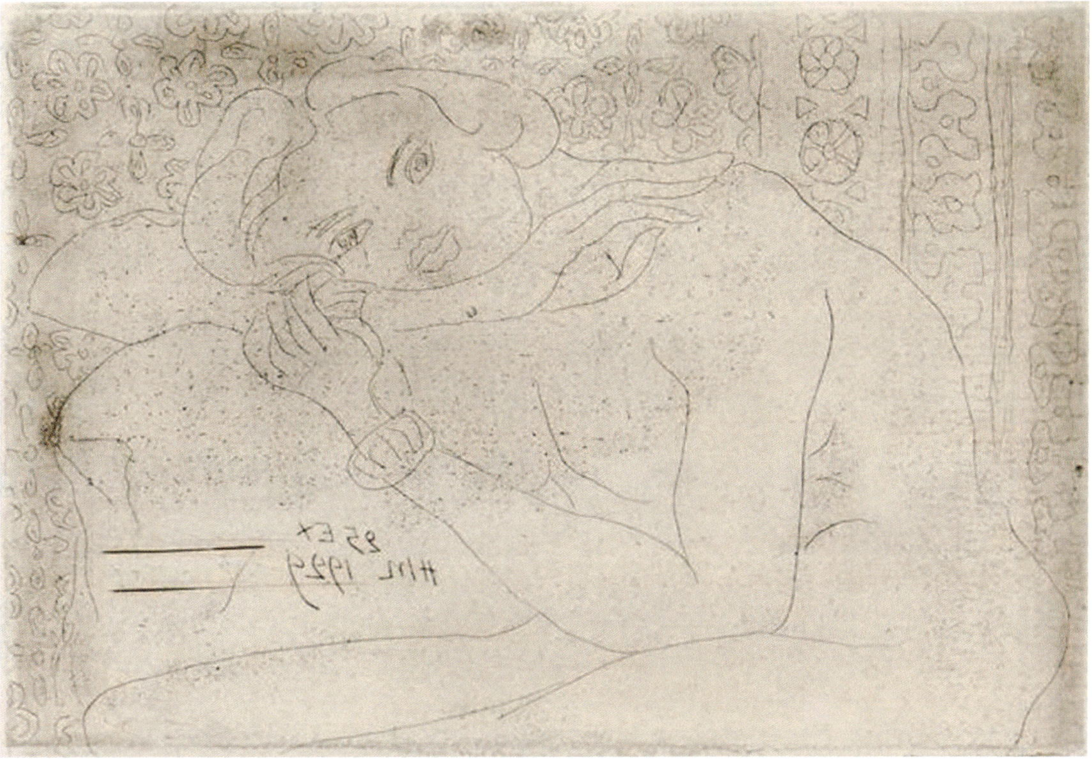

The hand; etching; signed and dated 1929; 20.3 x 15.2 cm;
Beverly Hills, United States, Galerie Michael.

La main; gravure; signée et datée 1929; 20,3 x 15,2 cm;
Beverly Hills, Etats-Unis, Galerie Michael.

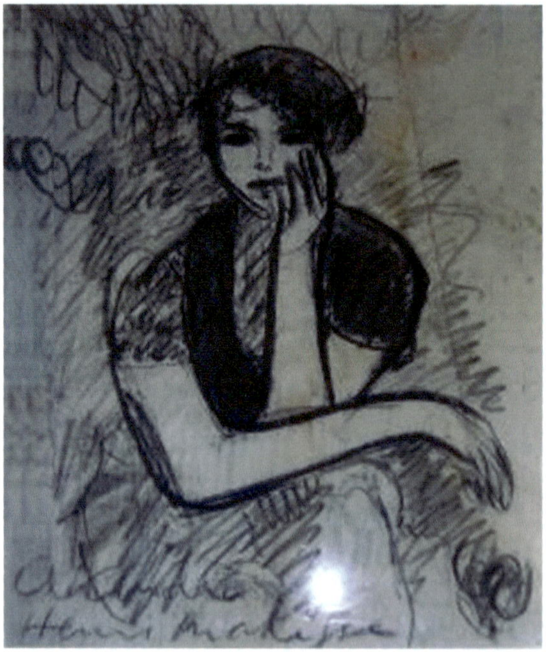

Thoughtful woman; pencil drawing; signed with dedication; 29 x 40 cm;
Paris, France, Natdo05 eBay store.

Femme pensante; dessin au crayon; signé avec dédicace; 29 x 40 cm;
Paris, France, boutique eBay Natdo05.

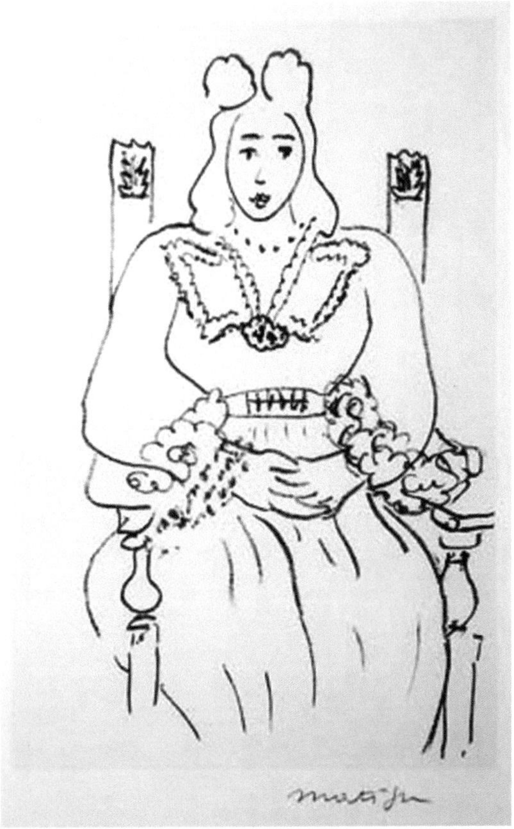

Woman sitting; lithography; signed; 32 x 42 cm;
Paris, France, Roussard Gallery.

La femme assise; lithographie; signée; 32 x 42 cm;
Paris, France, Galerie Roussard.

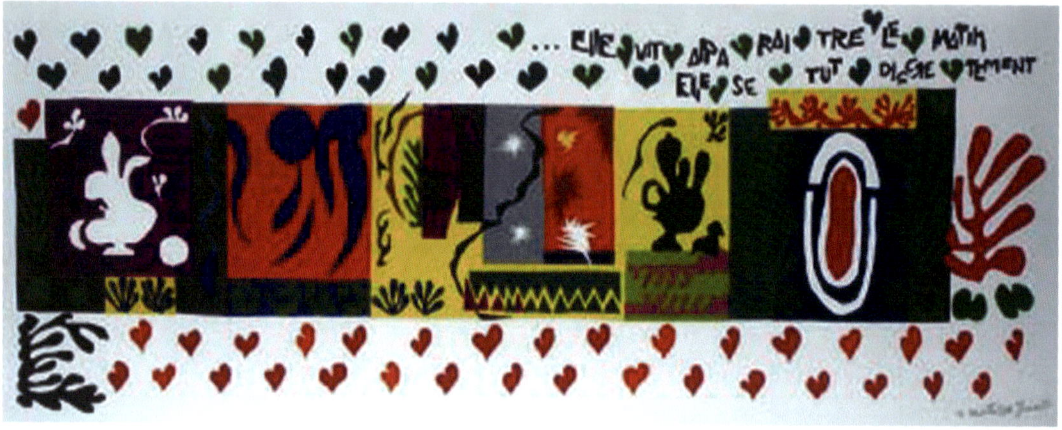

One thousand and one nights; lithography; signed; 89.5 x 42.5 cm;
Paris, France, Roussard Gallery.

Les mille et une nuits; lithographie; signée; 89,5 x 42,5 cm;
Paris, France, Galerie Roussard.

Emmanuel Fougerat (1869 - 1958)

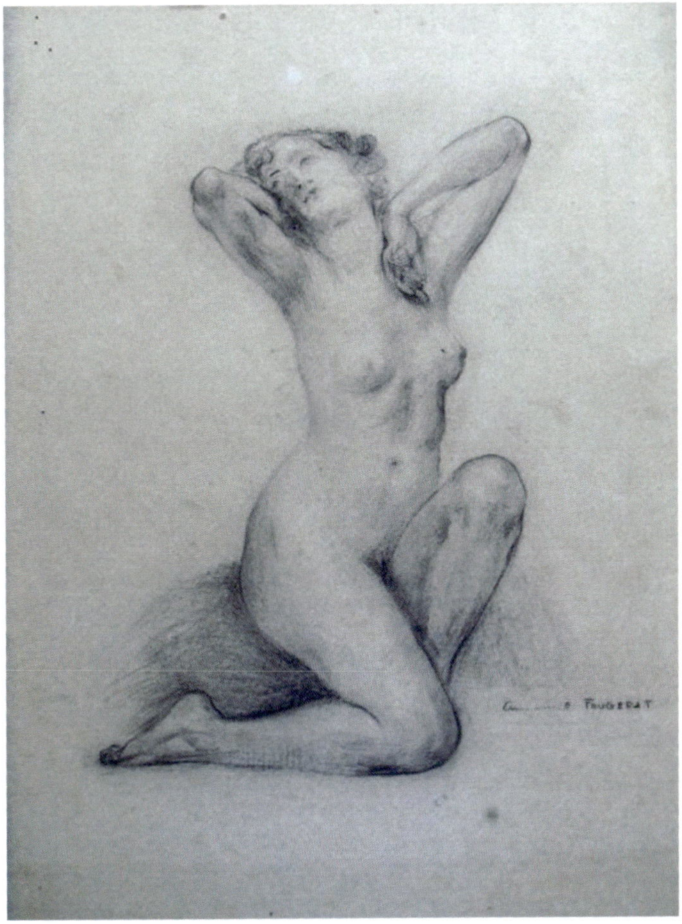

Nude woman posing; pencil drawing; signed; 31 x 49 cm;
Enghien les Bains, France, Gainsbourian eBay store.

Femme nue en modèle; dessin au crayon; signé; 31 x 46 cm;
Enghien les Bains, France, boutique eBay Gainsbourian.

Raoul Dufy (1877 – 1953)

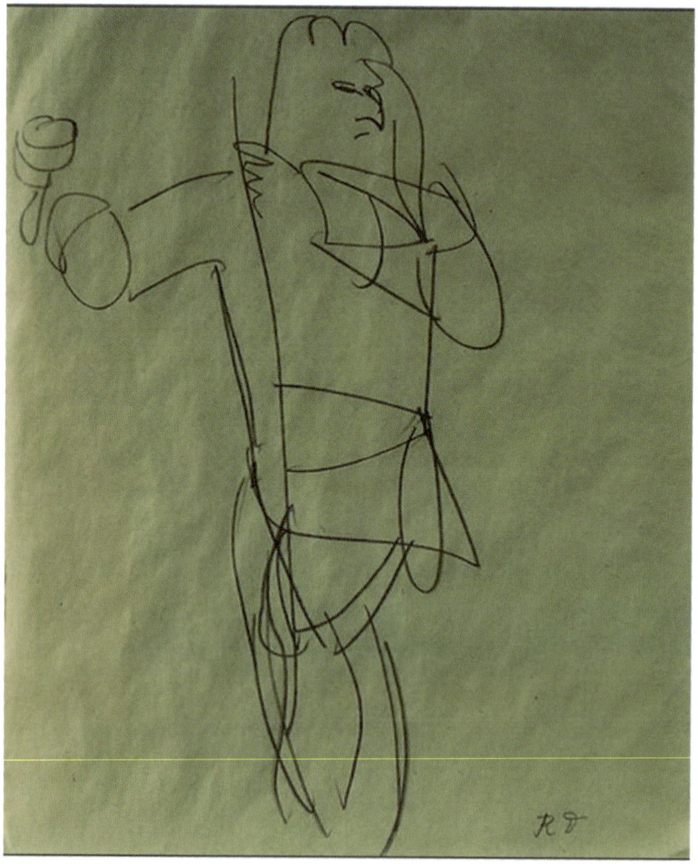

The feast of the kings under Louis XIV; pencil drawing; signed; 25 x 32.5 cm;
Moselle, France, Gallerie 125.

La fête des rois sous Louis XIV; dessin au crayon; signé; 25 x 32,5 cm;
Moselle, France, Gallerie 125.

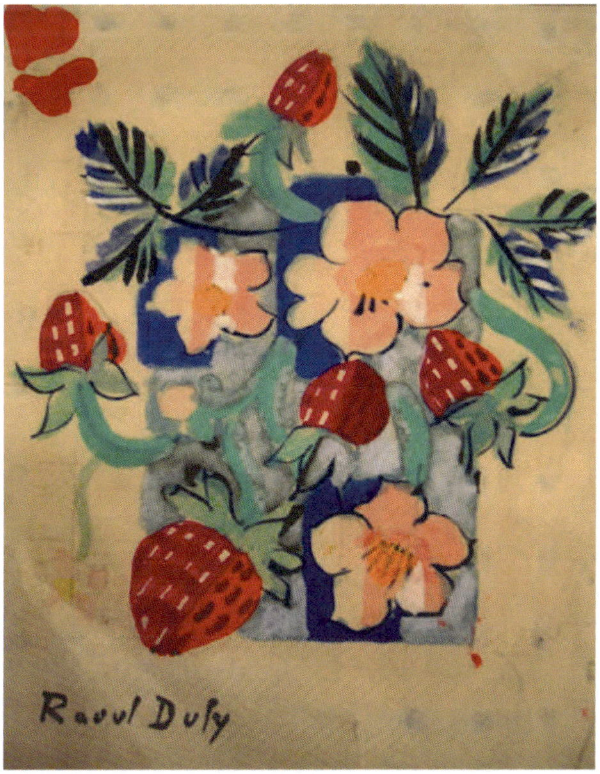

Flowers and strawberries; gouache; signed; 11.5 x 15.4 cm;
Paris, France, Artdealerparis eBay store.

Fleurs et fraises; gouache; signée; 11,5 x 15,4 cm;
Paris, France, boutique eBay Artdealerparis.

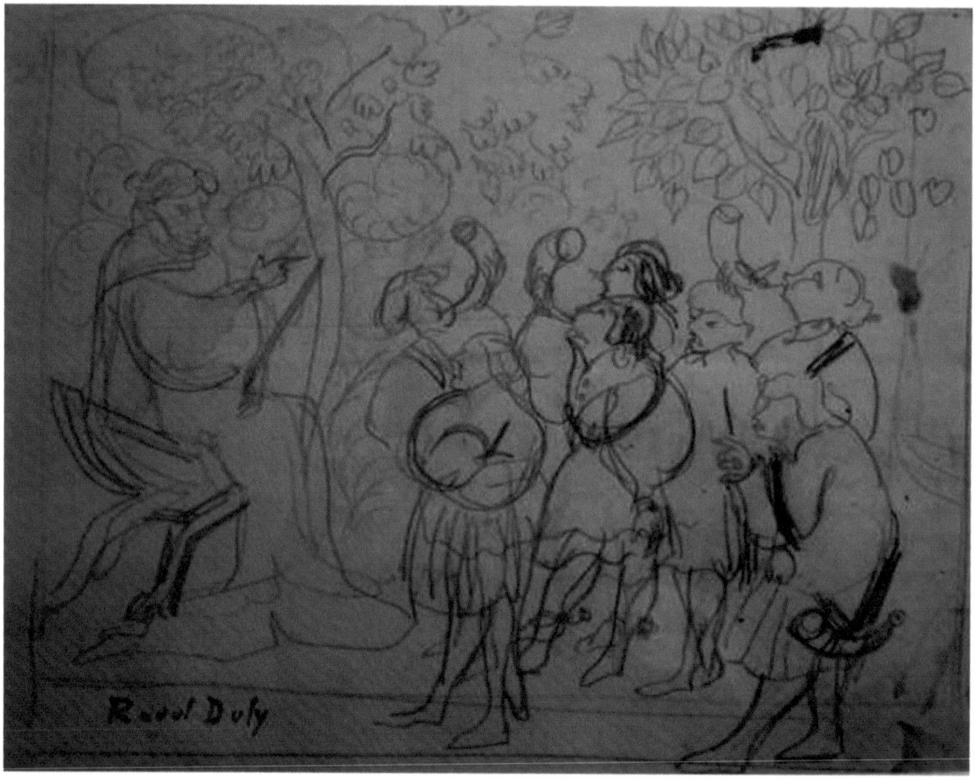

Saint Louis under his oak; pencil drawing; signed; 21.2 x 18.2 cm;
Paris, France, Artdealerparis eBay store.

Saint-Louis sous son chêne; dessin au crayon; signé; 21,2 x 18,2 cm;
Paris, France, boutique eBay Artdealerparis.

Maurice Perronet (1877 – 1950)

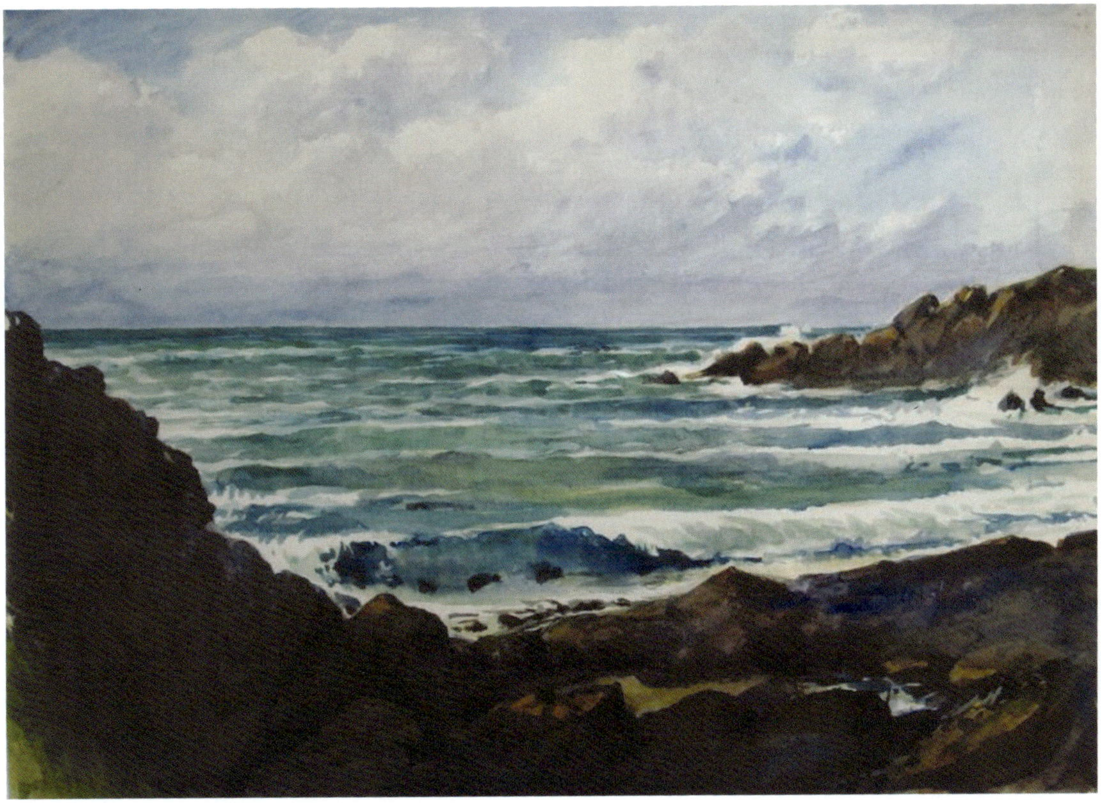

Wild coast; watercolor; unsigned; 31 x 24 cm;
Enghien les Bains, France, Gainsbourian eBay store.

Côte sauvage; aquarelle; non signée; 31 x 24 cm;
Enghien les Bains, France, boutique eBay Gainsbourian.

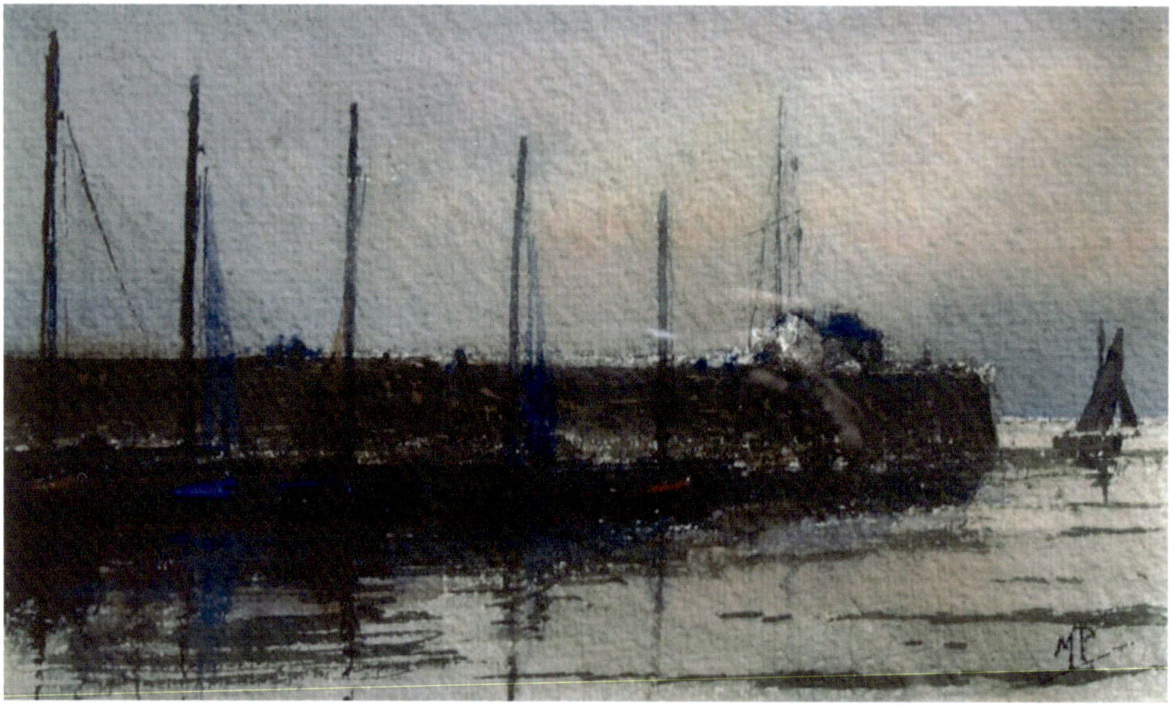

Harbour at sunset; watercolor; signed; 21 x 14 cm;
Enghien les Bains, France, Gainsbourian eBay store.

Port au coucher du soleil; aquarelle; signée; 21 x 14 cm;
Enghien les Bains, France, boutique eBay Gainsbourian.

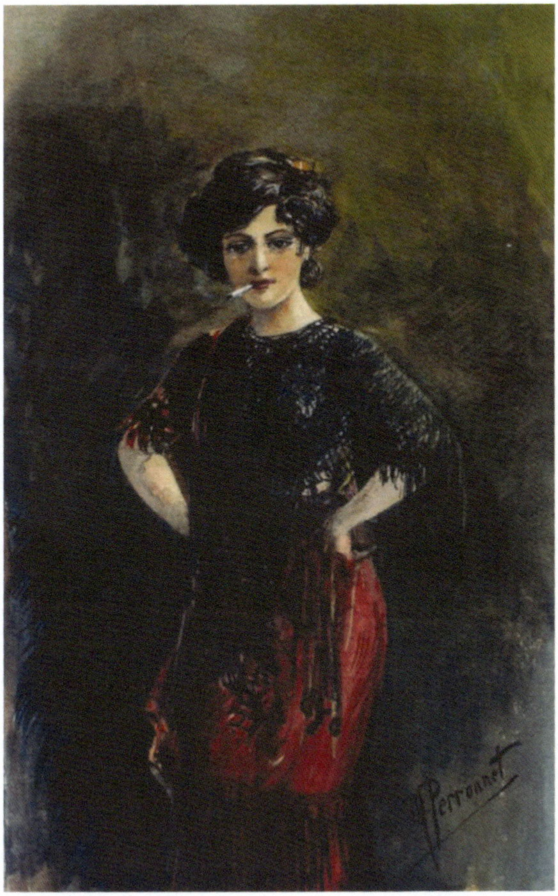

Young woman with cigarette; watercolor and gouache; signed; 12 x 19 cm;
Enghien les Bains, France, Gainsbourian eBay store.

Jeune femme avec cigarette; aquarelle et gouache; signée; 12 x 19 cm;
Enghien les Bains, France, boutique eBay Gainsbourian.

Constant Louche (1880 - 1965)

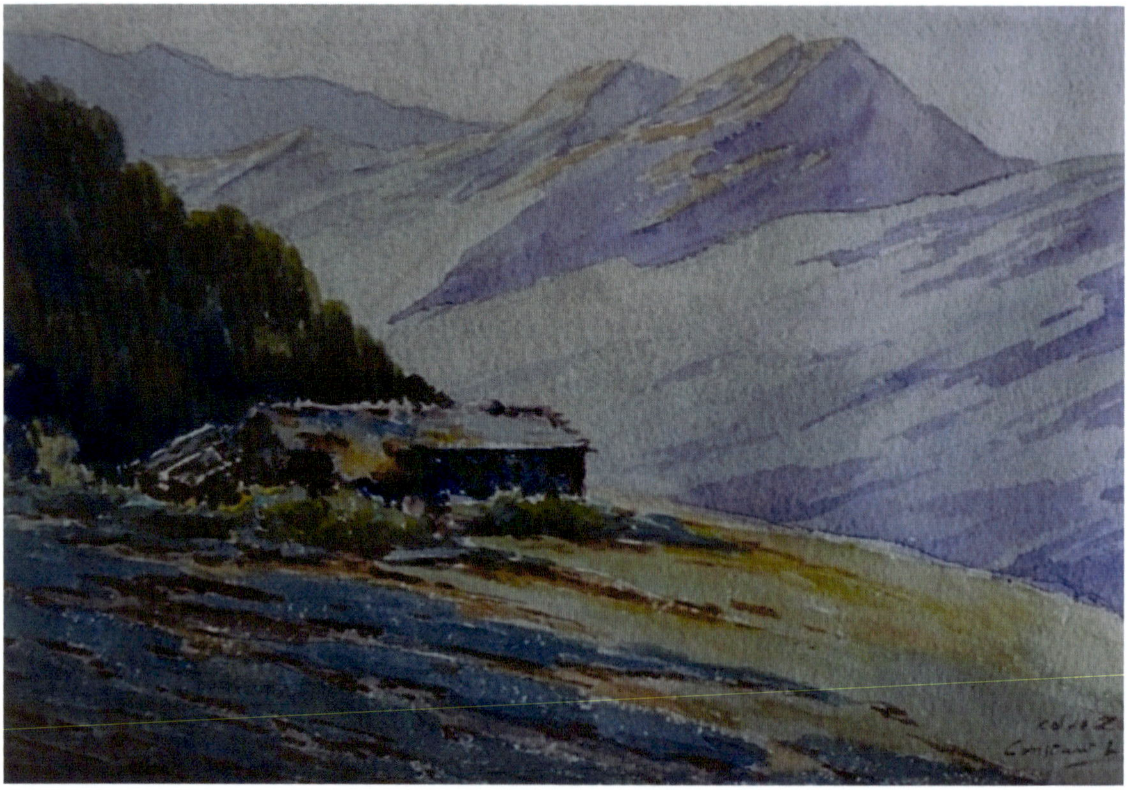

The strait of Zenaga in Algeria; watercolor; signed; 29.5 x 19.5 cm;
Marseille, France, Theophil13 eBay store.

Le Col de Zenaga en Algérie; aquarelle; signée; 29,5 x 19,5 cm;
Marseille, France, boutique eBay Theophil13.

Félicien Cacan (1880 - 1979)

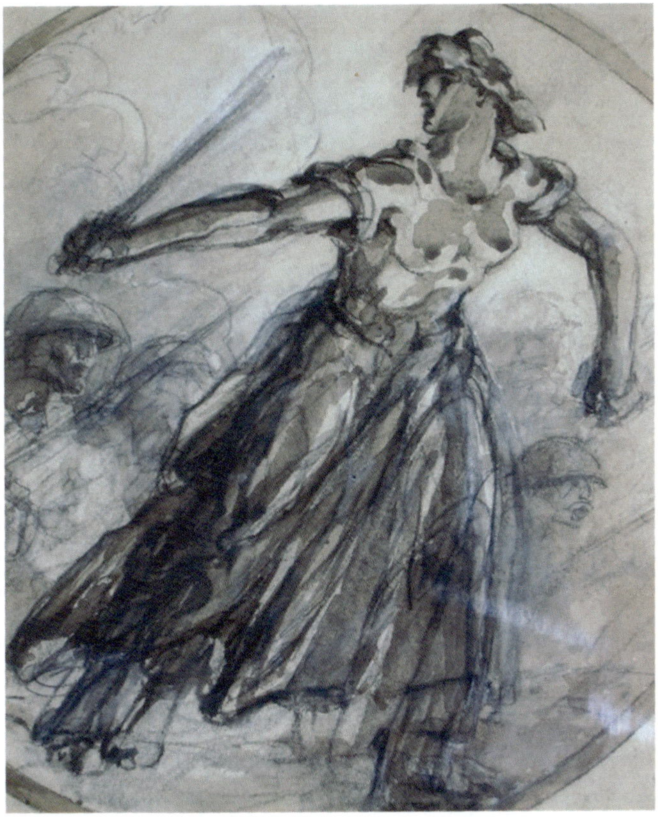

Marianne in fight; pencil drawing and watercolor; signed; 23 x 30.5 cm;
Nice, France, Ventou06 eBay store.

Marianne au combat; dessin au crayon et aquarelle; signé; 23 x 30,5 cm;
Nice, France, boutique eBay Ventou06.

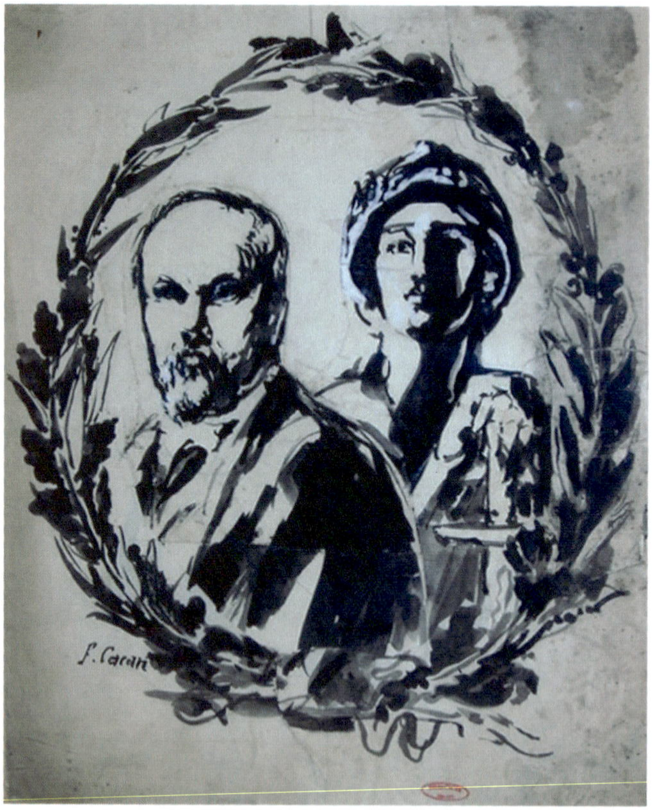

Two historical figures of the republic; pencil drawing and watercolor; signed; 29 x 37 cm;
Nice, France, Ventou06 eBay store.

Deux personnages historiques de la république; dessin au crayon et aquarelle; signé; 29 x 37 cm;
Nice, France, boutique eBay Ventou06.

Auguste Chabaud (1882 - 1955)

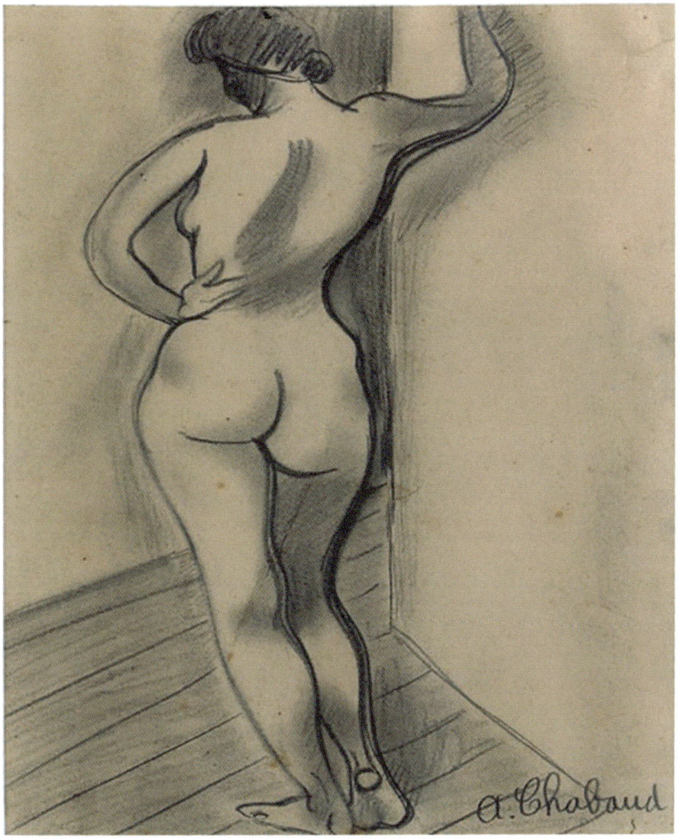

Nude woman; pencil drawing; signed; 23.5 x 31 cm;
Barbentane, France, Internet Arts eBay store.

Femme nue; dessin au crayon; signé; 23,5 x 31 cm;
Barbentane, France, boutique eBay Internet Arts.

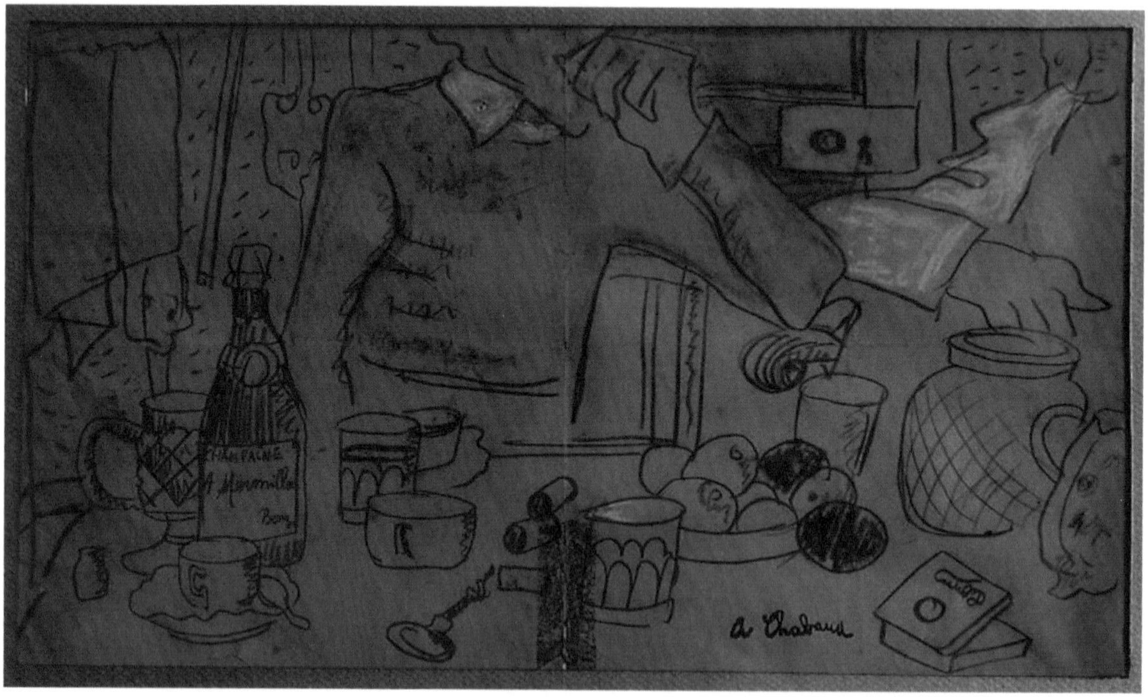

The guest in front of the served table; pencil and ink drawing; signed; 35.5 x 23 cm;
Gordes, France, Internet Arts eBay store.

Le convive devant la table servie; dessin au crayon et encre; signé; 35,5 x 23 cm;
Gordes, France, boutique eBay Pieretanguy.

Georges Braque (1882-1963)

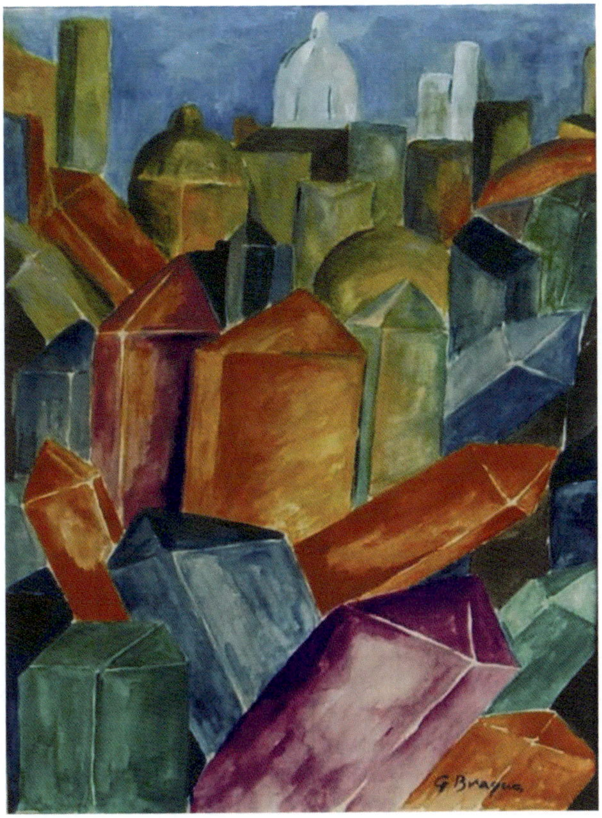

The Sacre-Coeur (version); gouache; signed; 23 x 32 cm;
East Sussex, United Kingdom, Art-match-36 eBay store.

Le Sacre-Coeur (version); gouache; signée; 23 x 32 cm;
East Sussex, Royaume Uni, boutique eBay Art-match-36.

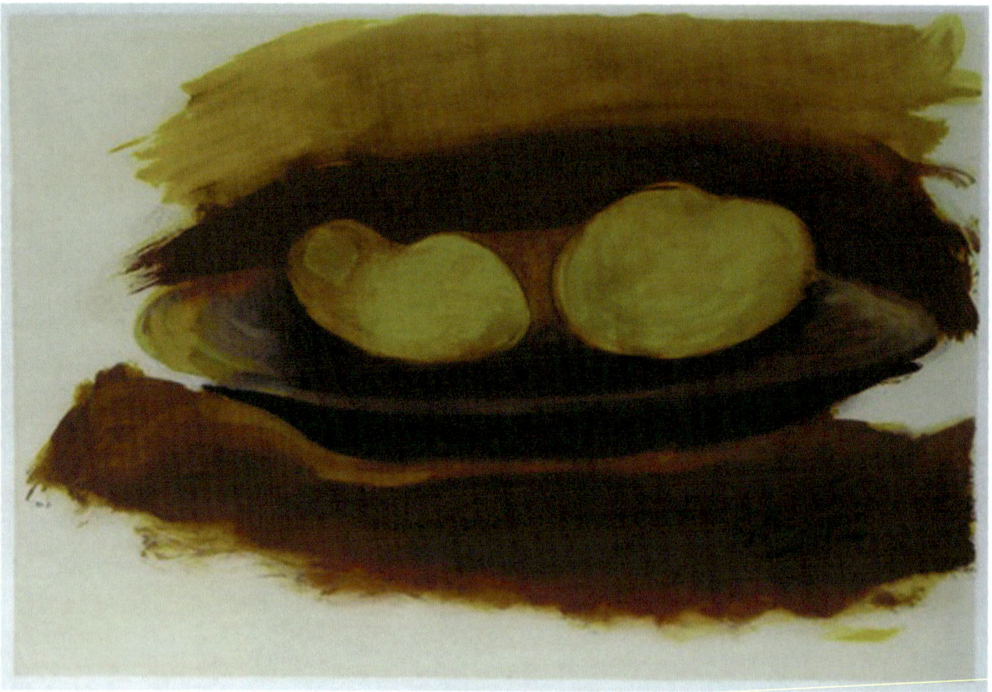

The apples; stencil; signed; 48 x 41 cm;
Paris, France, Roussard Gallery.

Les Pommes; pochoir; signé; 48 x 41 cm;
Paris, France, Galerie Roussard.

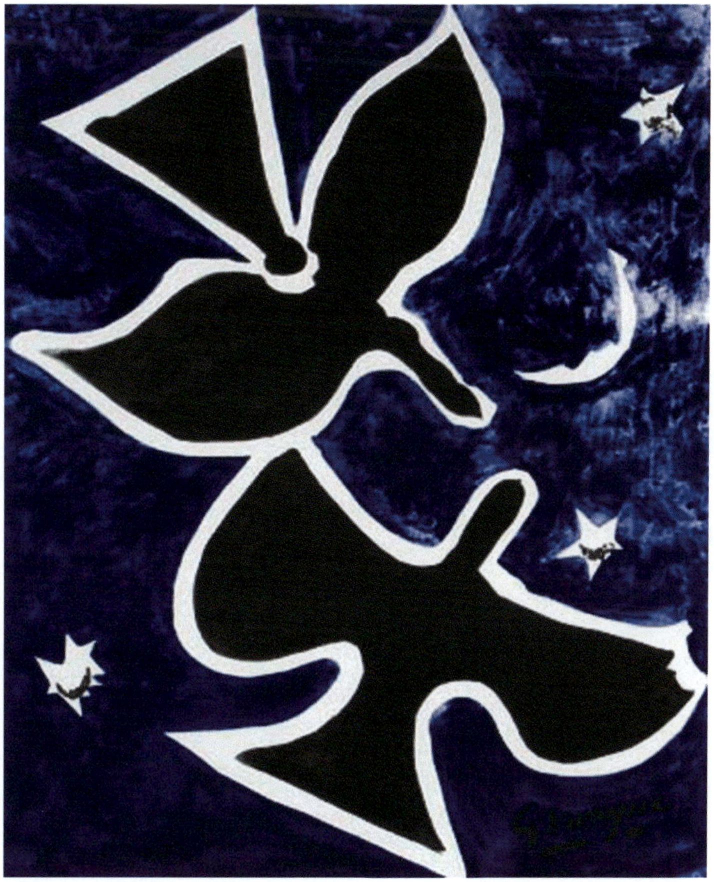

Birds on blue background; lithography; signed; 45 x 60 cm;
Paris, France, Roussard Gallery.

Deux oiseaux sur fond bleu; lithographie; signée; 45 x 60 cm;
Paris, France, Galerie Roussard.

Hermine David (1886 - 1970)

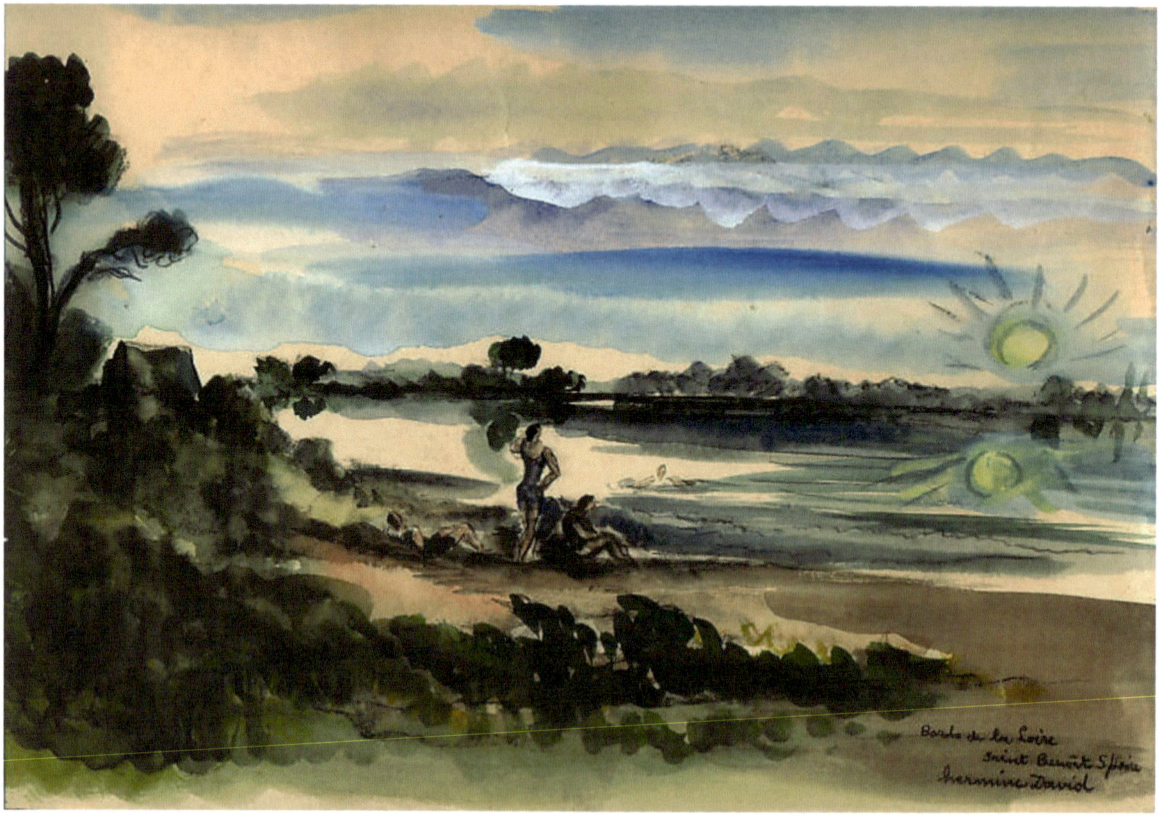

Banks of the Loire; watercolor; signed and located; 38 x 29.5 cm;
Paris, France, Mad2154 eBay store.

Bords de la Loire; aquarelle; signée et située; 38 x 29,5 cm;
Paris, France, boutique eBay Mad2154.

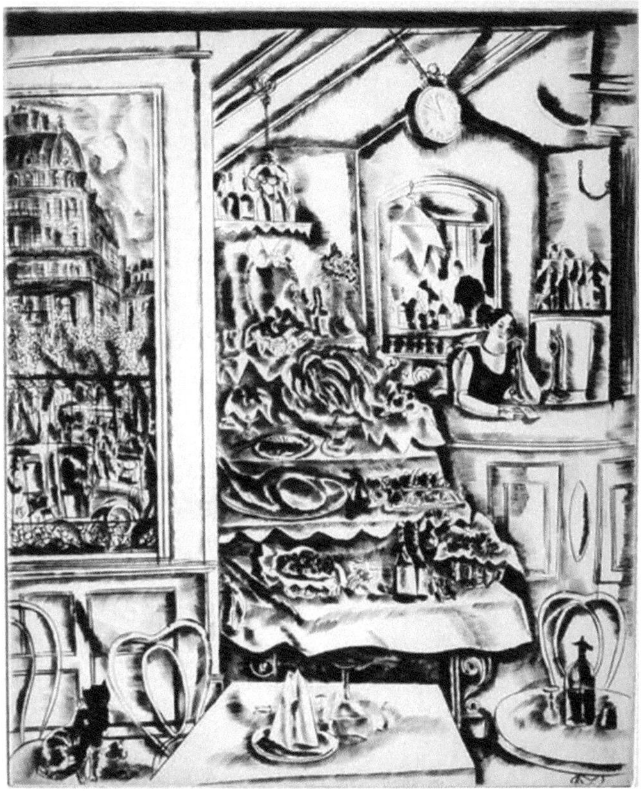

The cashier; drypoint engraving; signed; 23.8 x 29.8 cm;
New York, United States, Fitch-Febvrel gallery.

La Caissière; drypoint gravure; signée; 23,8 x 29,8 cm;
New York, Etats-Unis, gallerie Fitch-Febvrel.

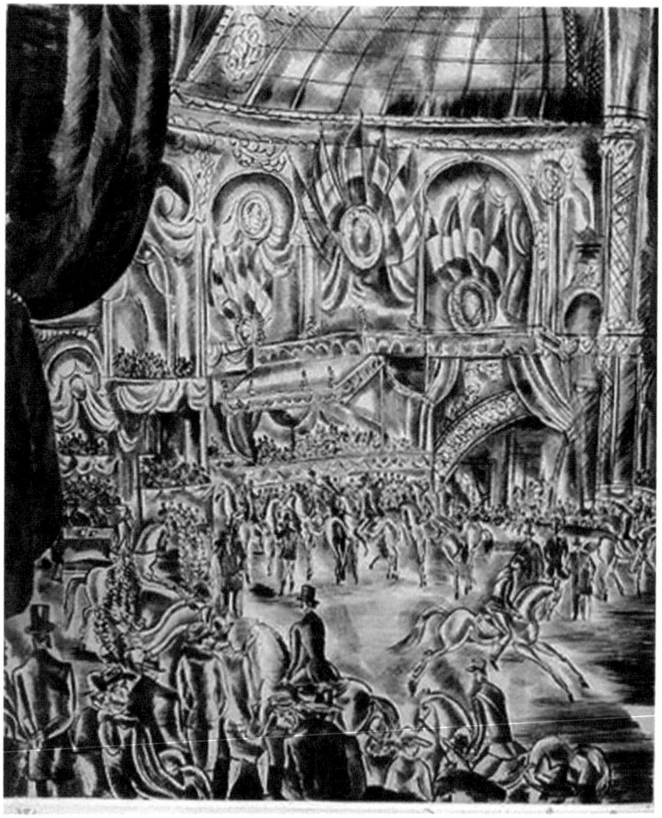

The horse race; drypoint engraving; signed; 20.5 x 25 cm;
New York, United States, Fitch-Febvrel gallery.

Le Concours hippique; drypoint gravure; signée; 20,5 x 25 cm;
New York, Etats-Unis, gallerie Fitch-Febvrel.

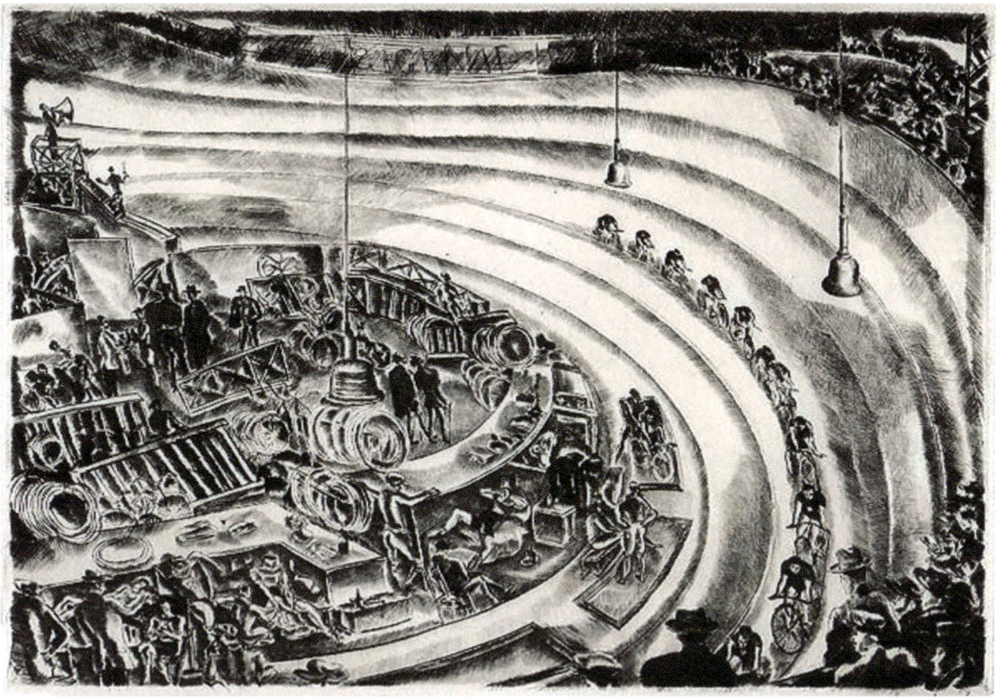

The six days; drypoint engraving; signed; 24 x 30.5 cm;
New York, United States, Fitch-Febvrel gallery.

Les six jours; drypoint gravure; signée; 24 x 30,5 cm;
New York, Etats-Unis, gallerie Fitch-Febvrel.

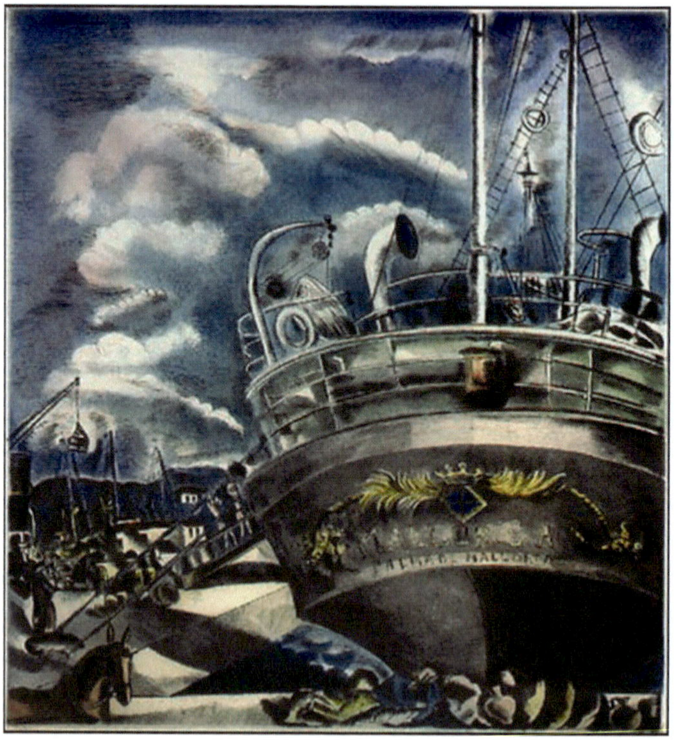

Mallorca Yacht; drypoint colored engraving; signed; 23.7 x 28.3 cm;
New York, United States, Fitch-Febvrel gallery.

Le Yacht Mallorca; drypoint gravure coloré; signée; 23,7 x 28,3 cm;
New York, Etats-Unis, gallerie Fitch-Febvrel.

Paul-Elie Gernez (1888 - 1948)

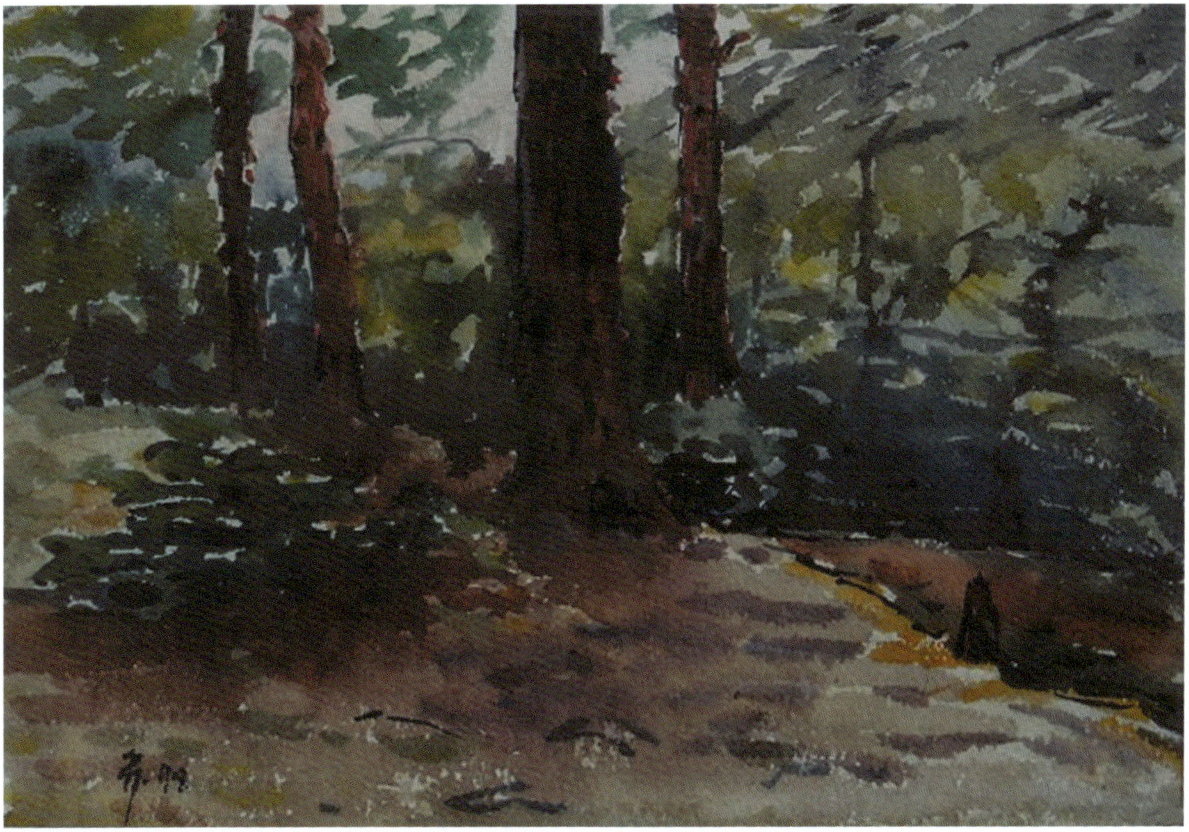

Forest vegetation; watercolor; signed and dated 1919; 24 x 17 cm;
Var, France, Vig8300 eBay store.

Sous bois; aquarelle; signée et datée 1919; 24 x 17 cm;
Var, France, boutique eBay Vig8300.

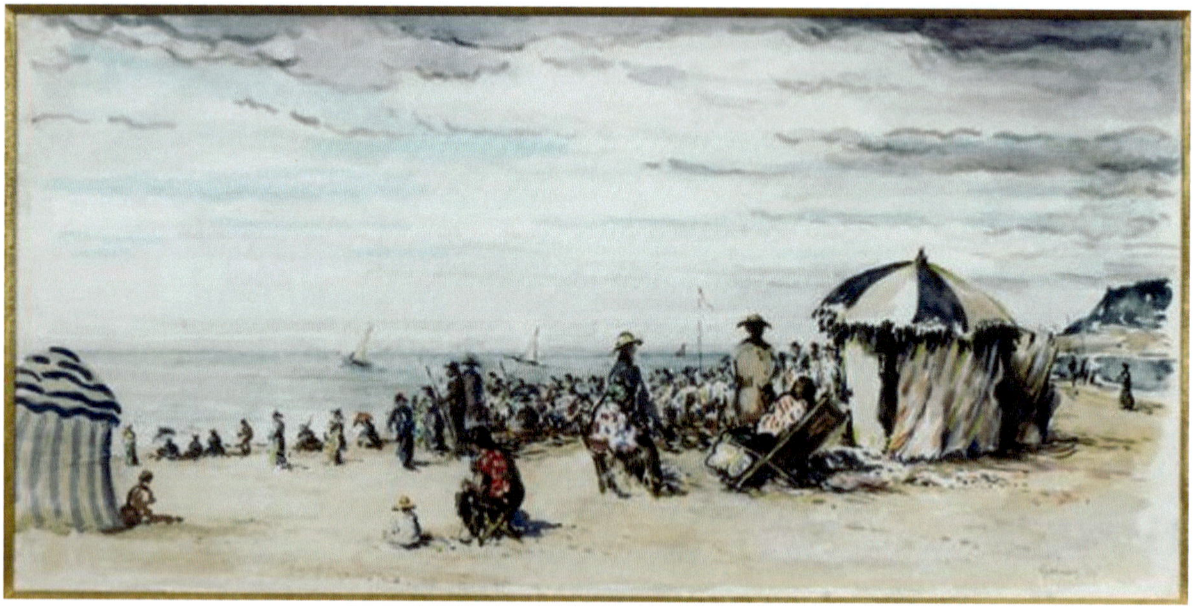

On the beach; watercolor; signed and dated 1934; 58.5 x 29.5 cm;
New York, United States, European Evaluators auction house.

Sur la plages; aquarelle; signée et datée 1934; 58,5 x 29,5 cm;
New York, Etats-Unis, maison de ventes aux enchères European Evaluators.

The printed images are real, with no digital retouching, in order to catch exactly the state of the works at the moment of publication.

The data accompanying each work are provided by its owner (collector, store, private gallery, or independent seller) or selling intermediary (auction house, gallery), these entities being responsible for their accuracy. These data contain a title of the work, type of work, information about signing and dating, medium, sizes, city and country where the work was at the moment of publication, and the entity who owns it (as property or in custody).

•

Les images présentées sont réelles, sans retouches, afin de surprendre, avec exactitude, l'état des travaux au moment de la publication.

Les données qui accompagnent chaque travail sont reprises de son possesseur (collectionneur, magasin, galerie privée, marchand indépendant) ou bien de l'intermédiaire de la vente (maison aux enchères, galerie), ces entités étant responsables de leur vraisemblance. Ces données contiennent: un titre du travail, le type du travail, des informations concernant la signature et la datation, le milieu, les dimensions, l'endroit (ville, pays) dans lequel se retrouve le travail au moment de la publication et l'entité qui la détient (en propriété ou bien en préservation).

LaVergne, TN USA
07 April 2011
223385LV00002B